深度演讲

每句话都说到听众心里

柳白 —— 著

古吴轩出版社
中国·苏州

图书在版编目（CIP）数据

深度演讲：每句话都说到听众心里 / 柳白著 . --苏州：古吴轩出版社，2020.5
ISBN 978-7-5546-1513-3

Ⅰ . ①深⋯ Ⅱ . ①柳⋯ Ⅲ . ①演讲－语言艺术 Ⅳ . ① H019

中国版本图书馆 CIP 数据核字（2020）第 024406 号

责任编辑：顾 熙
策 划：王 猛
封面设计：阿 鬼

书　　名：	深度演讲：每句话都说到听众心里
著　　者：	柳　白
出版发行：	古吴轩出版社
	地址：苏州市十梓街458号　　邮编：215006
	电话：0512-65233679　　传真：0512-65220750
出 版 人：	尹剑峰
经　　销：	新华书店
印　　刷：	北京东君印刷有限公司
开　　本：	880×1230　1/32
印　　张：	7
版　　次：	2020年5月第1版　第1次印刷
书　　号：	ISBN 978-7-5546-1513-3
定　　价：	45.00元

如发现印装质量问题，影响阅读，请与印刷厂联系调换。010-68651755

前 言
preface

  语言,是人类重要的沟通工具,善于使用语言能够让他人更好地理解我们的想法。而谈话,是使用语言最多的场合。一对一的谈话我们称为对话,而一对多的谈话就是演讲了。一对多的谈话互动性不强,更多的意义是功能性的。

  在谈话的过程中,演讲的人想要达到自己的目的,想要传递自己的思想,将自己知道的东西传授给场下的听众。而听众,也有他们的目的,或是想要从演讲者的语言中得到指示、启发,或是想比别人更快地得知一些信息。因此,越来越多的人想要成为那个传递思想的人,也有越来越多的人想要从别人那里得到一些自己不知道的知识与信息。你是哪一种呢?

  如果你想要成为前者,首先要明白,这条路并不好走。有些人仅仅是站在演讲台上,就已经耗尽了勇气。而当你有了足够的勇气开始演讲以后,就得将演讲做到尽善尽美,做到让场下的所有听众喜欢你的演讲,认同你的思想,只有做到这一步,你的演讲才算是成功的。

想要成为一位合格的演讲者，不仅需要大量的时间和精力去练习，而且需要有一定的技巧，单单靠自己去摸索，会走很多的弯路。我们常说，不屈不挠是成为一位伟人必备的特点，但是如果能够少走些弯路，让自己的成功之路尽可能平坦，不是更好吗？

想要做好一场演讲，需要注意的事情太多了。英国前首相丘吉尔说，如果要进行一场三十分钟的演讲，就需要提前两个月做准备。演讲之前，需要做的准备包括写演讲稿、训练姿态、考虑穿着、了解听众、了解所在城市的历史。这些内容都准备充分了，才算迈出第一步。第二步，就是做好心理建设。只有那些经验非常丰富的演讲者才不需要任何心理建设就能马上走上演讲台。完成了以上两步，演讲就可以正式开始了。

想要做好一场演讲，仅仅在演讲之前就需要做大量的准备了，更别说演讲正式开始以后。怎么样，看到这里你怕了吗？演讲本身就是一个自我考验、自我提升、自我突破的过程。如果以后你能够自信地走上演讲台，为听众带来一场精彩的演讲，并且获得如雷般的掌声，这种成就感是巨大的。

从事前准备到正式开讲，再到演讲结束，其中能够使用的种种技巧，可以提高你演讲的质量，能够帮助你实现从一个演讲新手到一个熟练的演讲者的转变。而本书旨在传授这些演讲技巧，帮助想要进行成功演讲的人。

目 录
contents

第一讲 备场——精心准备才能娓娓而谈

明确主题：你想让听众获得什么 … 002

找准对象：你的听众是谁 … 007

演讲稿是你演讲的灵魂 … 012

丢掉你的演讲稿 … 017

冷静十五分钟，清除负面情绪 … 023

第二讲 气场——魅力进化，好的形象是成功的一半

第一印象，如何令听众迅速认可你 … 028

好形象要从头到脚都精致 … 033

用气质获取信赖感 … 038

修炼强大气场，弥补自身缺陷 … 043

你注意过成功人士的走路姿势吗 … 047

优秀的演说家都拥有强大的气场 … 052

第三讲 怯场——弱化恐惧，战胜内心的忐忑

战胜自己，勇敢地张开嘴 　　　　　　　　　　　　058

紧张很正常，但你必须知道如何缓解紧张情绪 　　062

万事俱备，让勇气成为你最坚固的护盾 　　　　　066

自我激励，你其实无所不能 　　　　　　　　　　069

抓住机会多多练习，给足自己信心 　　　　　　　072

保持阳光心态：失误、丢脸太正常 　　　　　　　076

第四讲 起场——开篇惊撼，三分钟抓住听众的耳朵

说话接地气，拉近与听众的距离 　　　　　　　　080

注意语调，让听众从声音中就能听出重点 　　　　084

幽默的自我介绍，可以先声夺人 　　　　　　　　087

表达尊重，听众是你的支持者 　　　　　　　　　090

悬念开场：一句话调动全场氛围 　　　　　　　　094

第五讲 磁场——别具匠心，赋予演讲强大的吸引力

真诚，最能扣人心弦	100
复杂的话简单说	104
释放热忱，将听众的热情释放出来	108
抒发情感，让听众不再平静	111
尽可能多说"我们"	114
老调照样能新弹	118

第六讲 做场——"演"得到位，才能"讲"得精彩

"7 / 38 / 55定律"	122
表情到位，听众才会更加专心	126
注意行为举止及外表，打造完美形象	130
巧借道具，凸显演讲主题	134

第七讲 烘场——画面效应，借故事提高演讲感染力

一次好演讲，一定要有一个好故事	138
日常多多积累，讲时信手拈来	142
人人能听懂，故事才有意义	146
故事要能引发共鸣，而不是引起分歧	150
故事与观点的衔接，需要天衣无缝	154
把控故事节奏，抓住听众注意力	158

第八讲 定场——出言有法，嘴上乾坤赢得听众信服

演讲的实质，是说服而不是说教	164
动用情感策略，增强感染力	168
运用强烈对比佐证你的观点	173

第九讲 圆场——恰到好处地安抚听众

听众唱反调，如何巧妙应对	178
巧妙应对刁钻问题	182
面对挑衅，以彼之道还施彼身	186
突发意外，不妨顺水推舟	189
发现听众厌倦，及时调节演讲气氛	192
听众开小差，如何才能唤回注意力	195

第十讲 尾场——意犹未尽，精彩收尾

别在演讲最后一分钟功败垂成	200
首尾呼应，深化演讲主题	205
借景抒情，深情满满	209
简明扼要，做到掷地有声	212

第一讲

备场——
精心准备才能娓娓而谈

卡耐基说:"演讲者只有做了充分的准备,才有自信的资格。"作为演讲者,我们知道演讲前要做什么准备工作吗?很多时候,一些细微的准备工作,诸如演讲稿的构架、热点趣事的搜集、演讲前的预讲等,都会给演讲带来意想不到的收获。

明确主题：你想让听众获得什么

在学习和工作中，你可能会在会议室面对同事、客户讲话，也可能会在大礼堂对着几百人演讲。如果你刚好是位讲师，或者从事与演讲有关的工作，那么你的演讲频率会更高，也许已经有过多次登台演讲的经历了。

演讲无处不在。

有意或无意间，你可能早已是身经百战的演讲大师了。现在静下心来思考：你明白自己为什么要演讲吗？为了聊天？为了说服客户？为了赢得掌声？这些似乎都是理由，但又无法体现演讲的内涵和目的。我们现在来总结一下。

演讲是一项目的性非常明确的活动。演讲者以有声语言为主要手段，以体态语言为辅助手段，针对某个具体问题或主题，鲜明、完整地发表自己的见解和主张，阐明事理或抒发情感。这是演讲者和听众之间的一种语言交际活动。

对演讲者而言，演讲的方式可能千变万化，但归根结底目的却只有一个，那就是获得听众的认同感。与同事聊天，获得认同感之后才能愉悦交流；同客户谈判，获得认同感才能达成合作；就算是对着几百人演讲，认同感也是演讲成功的关键因素。一句话：演讲，就是为了获得听众的认同感。

这样的目的是基础，在这个基础上，我们才能按照自己的习惯开始演讲。我们要让听众知道他们是谁，或者他们能成为一个什么样的人，或者他们能获得什么样的好处，或者是什么让他们不同于其他人，从而鼓励他们变得更好。有了"认同感"这个目标的指引，我们就能在演讲中不断向听众靠拢，从而获得更好的演讲效果。

这其实很容易理解，就如同喝水的时候，我们知道自己为什么要喝水。原因很简单——口渴。只有口渴的时候，我们才会大口喝水。所以，在演讲的时候，我们一定要清楚自己为什么而演讲。虽然这个问题很容易找到答案，但我们还是要弄清楚，不然演讲很难成功。

不用担心听众没有"喝水"的需求，他们既然来听演讲，就说明有"喝水"的需求。找准他们的需求点，你的演讲就已经成功了一大半。

众所周知，马云是位优秀的演讲者。每次他在各种场合演讲时，都能收获一大批粉丝。为什么？因为在演讲中，他从来不会去说教，而是从现在讲到未来，从生活讲到科技，用对未来的畅想帮助听众打开思维。这些内容，很容易引起听众的兴趣。

此外，在演讲过程中，他宣传的往往不是阿里巴巴集团本身，而是技术能为用户带来的服务。比如，在宣传支付宝的演讲中，他自始至终都没有说支付宝的功能有多强大，而是从未来支付宝能为人们生活带来什么样的改变说起——它将无处不在，极大地方便人们的生活。而这些，恰恰是听众最关心的东西。

在马云的演讲中，听众不仅能看到当下的需求，而且能看到未来的发展，这就达到了让听众认可的目的。

马云的演讲为什么会这么成功？其实很简单，因为他明白自己为什么要做这些演讲。他抓住了听众关心的核心问题，用最直白的语言告诉他们：我们不是来卖产品的，我们所做的，完全是在为用户服务。

难道不是吗？支付宝的强大功能不是很好地改善了人们的生活吗？把听众最关心的问题说出来，把听众最迫切的需求讲出来，这就是演讲的目的。正是因为将这种理念融入了演讲中，所以听众才会认可马云的演讲。其实，任何一个演讲者都可以凭借这个技巧，赢得听众的认可。这正是演讲的精髓。

在一次某电视台举办的演讲比赛中，一位参赛选手面带微笑，侃侃而谈。他对自己的演讲能力很自信，认为自己必定能征服所有的评委。可是，在演讲结束后，评委们却一致给出了很低的分数。他不服气地质问评委，为什么自己的演讲那么出色，分数却这么低。

一个评委说："我承认，你的口才了得，也能恰到好处地在演讲中加入情感。可是，你演讲的重点却始终围绕着我们几个，而忽略了听众。所以，我们不能给你高分！"

选手不以为然地说："我为什么要围绕听众演讲？他们又不会给我打分，让评委喜欢就够了。"

"评委喜欢就够了吗？"另一个评委说，"你的演讲不是给某个人听的，即便他是评委。一场演讲面对的是所有听众，要用听众理解的方式，向他们传递有价值的思想。演讲得不到听众的认可，他们又凭什么在你身上浪费时间呢？"

选手顿时哑口无言。

评委说得很对——演讲得不到听众的认可，他们又凭什么在你身上浪费时间呢？要知道，演讲者在台上付出了辛劳，听众在台下也付出了很多，他们付出了时间、精力和情感。如果听到的只是一些和自己毫不相干的内容，听众又怎么会买账？与其浪费时间听你闲扯，不如回家睡觉来得痛快。

所以每次演讲，演讲者都一定要明确主题，知道自己是为了获得听众的认同感而演讲。千万不要以为自己口才了得，就不把听众当回事。你藐视听众，听众必定同样会藐视你。

那么，怎样才能获得听众的认同感呢？作为演讲者，我们必须时刻保持这样的信念：了解自己的听众，知道他们所关心、害怕和觉得重要的东西是什么，还要了解他们想要从演讲中得到的是什么。这些都很重要，有助于演讲者获得听众的认同。

一个好的演讲者，之所以能够获得听众喜爱，引起听众共鸣，并不是因为他的演讲有多么频繁。相反，生活中很多优秀的演讲者，他们恰恰是因为演讲稀少而闻名于世。那么他们是怎样征服听众的呢？

他们十分清楚自己为什么而演讲，他们知道演讲的价值是什么。

问题又来了：为了获得听众的认同感，很多演讲者在演讲前，往往会把听众的需求列成一个长长的单子。他们认为，尽可能多地满足听众的需求，就能打动听众，获得他们的认同感。这其实陷入了另一个误区——过犹不及。

在演讲中有一个"三事原则"，意思是如果你严格要求自己，那么听众的需求就可以被归纳为三件事。听演讲对于听众来说本就是一件耗费精力的事，如果你的演讲过于冗长，听众即便认可你的观点，也可能会产生厌烦感。一旦产生了厌烦感，那么听众好不容易才产生的认同感，很快就会消失不见了。

所以，在演讲开始前要明确主题，知道自己为什么演讲。然后，把听众关心和觉得重要的东西，用最简洁生动的语言讲出来。这样的演讲，最容易获得听众的认同感。

找准对象：你的听众是谁

中医治病时，讲究望闻问切。什么意思呢？"望"指的是观气色，"闻"指的是听声息，"问"指的是询问症状，"切"指的是摸脉象。中医认为，望闻问切是对症下药的重要依据。因为，通过望闻问切，可以知道患者的病症。

其实，演讲也是一个对症下药的过程。听众为什么来听你的演讲？因为他们有需要解决的问题。所以在演讲中，你是"医者"，而听众是"患者"，恰到好处地解决他们的问题，演讲才能水到渠成。

那么，我们应该如何对症下药呢？最重要的一点，是先知道听众是谁。一位患者来就诊，医生对他望闻问切，其实就是在了解他的基本情况。他的神、色、形、态怎么样？他的声息高低、强弱、清浊如何？他有没有什么家族病史，吃过什么东西？他的脉象正常不正常？了解患者的身体情况之后，医生就可以对症下药了。同样，演讲者也要充分了解听众的基本情况，这样才能有针对性地演讲，才能让演讲切实解决听众的问题，才能更加深入人心。

那么，怎样认识和了解听众呢？

演讲者要在演讲前对听众进行调查，了解他们在社会中扮演的角色，他们的工作性质和自身的关联性，等等。掌握了这些，就如同了解了听众的基本"病因"，这样才能进行有针对性的演讲。通常来说，演讲者对听众了解得越多，理解得越深刻，就越容易把话讲到他们心里，获得他们的认同感。

具体来说，对听众的认识和了解，可以从以下几个方面着手。

第一，了解听众的受教育程度。也许有演讲者会问，听众的受教育程度和演讲有关系吗？有关系，而且关系很大。举例来说，一个大学生和一个小学生，他们的理解能力和接受能力能一样吗？当然不一样！在演讲中，我们可以给本科生讲金融、谈历史，但对小学生却不能讲这些。因为他们的知识储备有限，这些内容他们根本不懂，那演讲对他们来说就毫无用处了，更不用说获得认同感了。

所以，演讲者在演讲之前，一定要事先了解听众的受教育程度，以便对自己的演讲进行内容深度和知识宽度的丈量。这样一来，我们的演讲内容才更容易被台下的听众理解和接受。

第二，了解听众的年龄阶段。为什么要注重年龄阶段呢？很简单，因为听众的年龄和他们的阅历、理解能力息息相关。换句话说，对不同年龄段的听众，演讲者需要用不同的演讲模式，这样他们才能听得懂。

这很容易理解。比如，如果我们在小学里，给一群小学三年级的学生演讲，那么内容一定要浅显易懂，否则他们就会听不懂。假如演讲对象换成二十多岁的年轻人，我们对他们讲过去的苦生活，他们虽然能听懂，但因为没有经历过，所以很难有直观感受，也就很难有共鸣了。当然，如果听众换成六七十岁的老人，那就另当别论了，他们大多经历过苦生活，能够感同身受。

所以，在演讲的时候，要注意了解听众的年龄状况，进而选择适当的演讲内容。

第三，了解听众的个人信仰。有些演讲者会觉得奇怪——演讲和个人信仰有关系吗？有关系！从心理学上来讲，听众的信仰要比他们的受教育程度和年龄重要得多。这又是为什么呢？原因很简单。

信仰和一个人内心的世界有着很大关联，演讲者必须尊重听众的信仰。

所以，在演讲之前，最好对台下听众的信仰做个调查，以免出现不必要的尴尬。当然，如果可以根据听众的信仰，有针对性地进行演讲，那就更容易引起听众的兴趣了。

第四，清楚听众的性别比例。很多演讲者往往会忽略这个问题，认为听众的性别无关紧要。这种想法显然是进了误区。怎么会无关紧要呢？男性喜欢听什么，女性喜欢听什么，这些都对演讲效果至关重要。

所以，当听众多是男性时，你要多讲一些关于军事、政治、房产等的话题，他们喜欢听这些；当听众多是女性时，你要多讲一些关于时尚、购物等的话题，她们则喜欢听这些。当然，大多数时候，听众是男女参半的，那该怎么办呢？可以讲一些两者都感兴趣的话题，比如情感、工作等。切记：话题千万不要交互着讲。这是什么意思呢？就是不要在女性面前讲男性感兴趣的话题，也不要在男性面前讲女性感兴趣的话题，否则可能会适得其反，引起不必要的麻烦。

其实，除了年龄、教育、信仰、性别外，还有很多因素可以帮助演讲者打动听众，比如职业、爱好、经历等。举例来说，如果你在一家金融公司演讲，那么演讲的主题与教育相关合适吗？听众的职业决定了他们可能对金融相关的话题更感兴趣，也更容易理解一些。所以，尽可能多地去认识、了解听众，是演讲成功的基础，也是决定性因素。

演讲是一门艺术，而要想把这门艺术修炼到极致，我们需要多方面、全方位地了解。而了解听众，只是其中一个环节，只是一个必要的基础过程。我们对听众了解得越详细，就越容易看清听众的内心需求，也就越容易满足他们的内心需求。反之，如果我们根本不了解自己的听众,那么就算舌灿莲花又有什么用呢?如果他们想听东,你却说到西,他们想听军事,你却谈养生,那么对听众一无所知会让你的演讲变成独角戏,这样又有谁肯买你的账呢?

演讲稿是你演讲的灵魂

卡耐基说:"演讲者只有做了充分的准备,才有自信的资格。"

无论是明确主题,还是找准对象,都属于演讲前要做的准备工作。但对于一场重要的演讲来说,这些准备工作显然还不够。正如士兵上战场打仗需要武器装备一样,演讲者登台演讲,也需要精良的"武器装备",而演讲稿正是他们手中最锋利的"长枪"。

没错,在演讲前,演讲者需要准备好演讲稿。

有人可能会说:优秀的演讲者都是脱稿演讲,所以有没有演讲稿并不重要。真是这样吗?当然不是!对于演讲者来说,脱稿演讲很有必要,因为脱稿才能有更大的发挥空间。但是,脱稿并不等于不需要演讲稿。演讲稿正是一场成功的演讲最强有力的支撑,它可以有效地缓解演讲者的紧张情绪。原因很简单,有了演讲稿,也就有了清晰的逻辑和思路,演讲者心里就会非常踏实。

即便脱稿演讲，他们也不会语无伦次，毫无章法。

演讲稿的准备其实一点儿都不复杂。只要用对方法，那么我们的演讲稿就能准备得非常完美。下面所阐述的方法是准备演讲稿的常用方法。当然，准备演讲稿的方法并不是固定不变的，演讲者也可以根据自己的习惯，进行适当的调整。

演讲稿的基础构架是大纲，就像写文章需要先列提纲一样，准备演讲稿也需要先把框架搭好。我们可以用提要或图表的方式，先列出一篇演讲稿的观点；然后，对材料进行适当、合理的组合，这样有助于理顺思路。当然，在这个过程中，也要顺便把"为什么演讲""为谁演讲"这些要点融入进去，这样可以使提纲更接近听众。

需要注意的是，拟订提纲的方法有很多，没有固定的格式。我们既可以写得粗糙一些，也可以写得精细一些；既可以写成文字，也可以只在脑海里构建。我们建议写成文字，因为好记性比不上烂笔头，写下来才不会忘记。

当把提纲用文字明确下来之后，我们还需要对它不断加以修改和补充，以便使整个演讲更为完善。实际上，拟订和完善提纲的过程，就是演讲预演的过程。演讲者需要考虑环境、听众等因素，把所要讲的内容根据提纲重新理几遍，直至提纲趋于完美。当然，如果想把提纲拟订得更为具体，还需要把演讲题目、结构层次、论述要点、典型事例、引文等相关资料都写进去。这样提纲会更加翔实，演讲时思路才能更加顺畅清晰。

一般来说，演讲者拟订提纲包括以下几个步骤。

草拟标题。每篇演讲稿都有一个题目，如果想让你的演讲令人眼前一亮，你就需要反复斟酌演讲稿的题目。如果是一些特殊情况，除了题目以外，演讲稿还需要副标题，这些也需要根据实际情况列出来。

确定论点。论点是什么？论点就是你要陈述的观点，一篇演讲稿不仅要有中心论点，还要有分论点，甚至分论点下面还应有更小的论点。这其实与写文章一样，分论点印证论点，而论点说服听众。所以在列提纲的时候，需要把论点放到合适的位置，在什么样的情况下要说什么话，逐条进行整理。如此，论点和分论点才会清楚地呈现在我们眼前，这会让演讲的思路更加清晰，也会让演讲更有说服力。

收集材料。确定好论点后，就需要收集材料了。大致来讲，材料一般包括事实材料和理论材料。我们常用到的事实材料主要包括例证、数据和实物等。而理论材料就很多了，主要包括科学原理、法律条文、名言警句、谚语成语等。切记，材料不能胡乱堆砌，必须对论点或分论点有帮助才可引用，否则就是无用的材料。对于这些材料，可以简明扼要地摘抄在提纲中，也可以在提纲上做个标记，然后另外制作卡片，还可以编排绘制成不同的图表，这样使用起来灵活方便。具体采取哪种方式，需要根据演讲者的习惯来定。

编列逻辑。论点确定好了，材料也已收集完毕，是不是演讲稿就大功告成了呢？没有，演讲者还要根据需求，编列演讲的内在逻辑联系，给演讲内容和演讲层次排个序。为什么还要做这项工作呢？很多时候，一场演讲需要涉及多方面的内容，这会导致整篇演讲稿内容繁多，结构层次杂乱，就像乱麻缠绕在一起。如果不能理清头绪，那么混乱就会由演讲者传向听众，进而导致不良的效果。所以最好的方法是，在编列提纲时理顺演讲的内在逻辑，分清主次，定好先后顺序。一个优秀的演讲者一定知道先讲什么，后讲什么，不会随意颠倒。否则，一旦出现轻重颠倒、前后脱节的问题，那就贻笑大方了。

撰写开头和结尾。对于一篇演讲稿来说，标题、论点、材料、逻辑都有，是否就算完整，万无一失了呢？不一定！你确定你的演讲稿有漂亮的开头和结尾吗？如果没有，那就请赶紧补充完整。就像高水准的文章需要漂亮的开头和结尾一样，演讲时一个漂亮的开头能瞬间引起听众的兴趣，一个完美的结尾也能有效调动听众的情绪。开头和结尾，能为你的演讲添加更浓重的色彩。所以，在准备演讲稿时，一定要加上好的开头和结尾。

在演讲前，不同的演讲者可能会有不同的准备方式。但无论如何，都应精心准备一份演讲稿。因为在演讲时，无论脱稿与否，这篇演讲稿都将影响你的演讲质量。

你准备好你的演讲稿了吗？

丢掉你的演讲稿

这似乎是矛盾的——刚才还在说要精心准备演讲稿，怎么忽然之间又要丢掉呢？或者说，既然最终要丢掉，那么准备演讲稿有什么用呢？

其实丢掉不是目的，我们的真正用意，是不让演讲稿成为束缚演讲者的枷锁。

很多演讲者为了让自己的演讲更加出彩，通常会事先准备很多材料，字斟句酌地写出一篇演讲稿。台上演讲时，他们会声情并茂地照着演讲稿朗诵。这样的演讲真的会精彩吗？答案是否定的。

演讲是个互动的活动，演讲时台上和台下可能会出现很多变化，演讲者需要根据变化随时调整演讲内容。而固定的内容——演讲稿，则会使演讲陷入僵局。所以照搬演讲稿，是最笨的演讲方法。

在一个行业的年会上，总共有六个组织的领导人，需要在大会上发表简短的演讲。按照年会安排，每个领导人只有十五分钟的演讲时间，用以阐述自己所在组织面临的主要挑战以及解决办法。

时间慢慢过去，年会逐渐行至尾声。前五个演讲者都循规蹈矩地发表了自己的演讲，他们在演讲时，都站在讲台后的半暗处，旁边是舞台的中心位置，也就是经常用来放映幻灯片的屏幕。他们的演讲说不上精彩，完全是照本宣科。

最后一位演讲者上台了。他明显感到，一些听众已经开始打瞌睡了。于是，他做出了一个大胆的决定——关掉投影仪，并让工作人员打开了听众席上方的灯。接着，他拿着麦克风离开讲台，走到听众中间。

"这十五分钟，我想要点儿与众不同。"他微笑着对听众说，"我将尽可能简单地告诉大家我所在的组织做了什么，以及为什么我们会这样做。然后，想请大家以自己的经验告诉我，我所在的组织面临的挑战是什么。至于这些问题如何解决，我想和大家一起探讨。"

随后，他有条不紊地开始了自己的演讲，并回答了许多听众提出来的问题。听众的积极性完全被调动了起来。在这次大会之后的很长一段时间内，人们都在讨论他的演讲。

如果这位演讲者和前面几位演讲者一样，也死板地念幻灯片上的内容，结果会怎么样？可想而知，听众会昏昏欲睡直至年会结束。其实听众的反应，正是演讲过程的变化。最后一位演讲者敏锐地捕捉到了这种变化，及时地调整了演讲计划，最终取得了成功。他最聪明的地方,是没有像前面的演讲者一样,不知变通地站在暗处念演讲稿,而是将之完全抛开,所以取得了良好的演讲效果。

有过演讲经验的人都知道,书面文字和口头语言基本上是两个概念。比如,在写稿子的时候,可能会用到"之"字,但在平常交流中,这个字很少会被用到。再比如,演讲稿提到价格时,一般会以"元"为单位,而说话的时候,往往以"块"为单位。因此,照搬稿件的演讲,会显得格外生硬。

想想看,照搬演讲稿的演讲是什么样子的:台上的演讲者,在认认真真地念或背演讲稿,而台下的听众则会觉得那根本就不像是在演讲,而像是在朗读。这样一来,演讲者和听众之间会产生有效的沟通吗?演讲的质量会好吗?当然不会!这样不接地气的演讲,有谁会愿意听呢?

一位著名的播音主持人讲述过这样一个故事:

他在上大学的时候,去参加校内的一场演讲比赛。他精心选择了一个故事,写下了稿子,并且熟记了稿子。但在正式比赛那天,由于一时紧张,他按照稿子讲了个开头后,脑子里就一片空白了,怎么也记不起来演讲稿的内容了。无奈之下,他决定用自己的话把那个故事讲完。当演讲结束时,他意外地获得了那次演讲比赛的第一名。

这件事对播音主持人触动很深。在他以后的播音主持中,他的秘诀就是准备好演讲稿，但绝对不会去死记硬背，而是用自己的话与听众进行交流。

试想一下，如果播音主持人那天没有忘记演讲稿，而是在演讲台上滔滔不绝地背了出来，最终结果会怎么样呢？效果不一定会有多差，但至少拿第一名是有些困难的。因为，没有任何评委会把演讲比赛的第一名颁给一个背稿子的人。背出来，和用自己的话说出来，是两个完全不同的概念。

一份好的演讲稿在演讲中的作用不言而喻，但绝不能一切都以演讲稿为准。演讲就像一场没有硝烟的战争，战局瞬息万变，所以我们绝不能让一份自认为出色的演讲稿左右局势，否则就会造成严重的后果。不要照搬演讲稿，而是要以稿件为基础，灵活变化，随机而动。

因为要"弃"稿登台，为了让自己不至于忘掉稿件中的重要部分，我们可以在登台前反复预讲。俗话说："台上一分钟，台下十年功。"演讲虽然不需要"十年功"那么夸张，但显而易见，以演讲稿为基础，反复预讲，勤加练习，可以使我们在演讲时减少紧张情绪，做到成竹在胸。

其实，古今中外的很多演说家都习惯在正式演讲前反复预讲。

古雅典演说家德摩斯梯尼，非常重视演讲前的预讲。每次演讲之前，他都会把自己关在书房里，专心致志地练习演讲。为了能达到预期的演讲效果，他发誓不达到目的就绝不出书房一步，为此他甚至剃掉了自己的头发。等到头发重新长出来时，他才走出书房，也终于使演讲获得了轰动的效果。

曾任微软全球副总裁的李开复先生也是如此。每次演讲前，他都会事先做预讲，还会请一个朋友旁听，给自己提出意见。他曾对自己承诺，不预讲三次，绝不登台演讲。反复预讲，帮他获得了最佳的演讲效果。

既然预讲如此重要，那么有什么需要注意的地方呢？只要把握好下面几点，反复练习，我们的演讲就能更加出彩。

注意时间控制。一般来说，每场演讲都有时间限制。演讲用时太短会让听众觉得敷衍，而时间过长则会导致听众厌烦，所以我们一定要把握好时间。最有效的方法，当然是利用手表来把握时间。但演讲时反复看表，会让听众感觉不好，所以我们要把看表的环节放在预讲中。反复练习，用时太长则缩减内容，用时太短则扩展内容，这样在正式演讲时就能做到心中有数了。

给自己录像或录音。想知道自己在实际演讲时的表现吗？想知道自己的表现是否能达到预期效果吗？把预讲全过程都录下来，自己看或是请朋友看看，就能发现问题了。反复观看自己的演讲录像，同时不断地训练和改正，那么到了真正演讲时，你才能表现得更好。

预讲要尽量模拟演讲的真实环境。坐在写字台前反复预讲，与站在众人面前演讲有着很大的差异。所以即使坐在写字台前,你能很流利地讲出演讲稿,但如果真正站在演讲台上,你还是有可能会不知所措、结结巴巴。这是场合效应,一点儿也不奇怪。所以在预讲时,我们尽量要找宽敞的或者和演讲场地很像的地方,这样预讲效果才会更好。

其实还有一些注意事项,但在这里,我们没有必要一一列举。作为演讲者,你需要不断总结,找出真正适合自己的演讲方式,这样才能取得最佳演讲效果。

戴尔·卡耐基曾说:"一切成功的演讲,都来自充分的准备。"反复预讲,也是重要的准备工作之一。只有把这部分做好,我们才能在正式的演讲中真正丢掉稿件,自然而流利地展现自己的演讲。

冷静十五分钟，清除负面情绪

谁都知道，演讲前的状态应该是充满激情、自信满满的。这样的状态，有利于我们把演讲完美地展现出来。尤其是一个充满激情的演讲者，更容易在演讲时点燃听众的激情，进而引发轰动的演讲效应。

但是，很多演讲者在登台前，却不是充满激情的，反而有很多负面情绪。

他们忐忑不安，没有安全感，害怕演讲不能成功，害怕不能让听众喜欢并满意……有些演讲者更糟糕：也许刚和朋友吵了架，正一肚子怨气；也许刚被交警开了罚单，心情糟透了；也许爬楼梯时摔了一跤，心里很是郁闷；也许没遇到什么不好的事，但就是心里不痛快……带着这些负面情绪，他们准备登台演讲。

如此，演讲效果能好吗？

小刘是某公司的销售经理，她的团队每个月都是公司的销售冠军。但这一次,她却搞砸了。在一次客户见面会上,演讲能力一向很强的小刘,在演讲的紧要关头,却突然泣不成声。她的反常举动吓坏了同事,演讲被迫就此中断,客户们不满地离去,销售计划自然也就落空了。事后大家才知道,小刘的男友刚刚提出分手,她控制不住情绪才突然哭泣。

对于一个演讲者来说,情绪控制能力太差,很容易影响到演讲效果。我们相信,无论是内向还是外向性格的人,都无法避免害怕、愤怒、烦恼等负面情绪。正如气质是天生的,人的很多情感也是与生俱来的,差别在于是否能及时、有效地控制自己的情绪。如果你即将登台演讲,就像小刘一样,你必须迅速地清理掉负面情绪,不然肯定会影响到接下来的演讲。

有一天,一位印度女主播现场直播一条车祸消息。当摄像机对准伤者时,她忽然发现其中一名伤者正是自己的丈夫。巨大的悲痛情绪瞬间袭来,以至于她在说话时声音都是颤抖的。但是很快,她意识到自己正在做直播,糟糕的直播会影响到观众。于是,她强迫自己冷静下来,认认真真地完成了工作。新闻一结束,她立刻跑向丈夫。

看到丈夫受伤所引发的情绪波动难道不大吗?这位女主播在发现自己丈夫受伤后,迅速控制住了自己的情绪,着实让人敬佩。我们其实可以从另外的角度看待这件事:如果这样的事情带来的负面情绪都不能影响直播,有什么理由让情绪左右演讲呢?

心理分析大师弗洛伊德用水库来比喻人类情绪的处理过程。他认为,每个人的身体里,都有一座情绪水库,负面情绪就存放在情绪水库之中。如果负面情绪水位到达警戒线,个体就会开始出现脾气暴躁、无法控制情绪的情形;如果继续恶化下去,情绪水库就会崩溃,其结果就是出现各种心理方面的疾病。

水库理论很形象地说明了,我们其实是可以有效控制自己情绪的。演讲前的害怕、紧张,我们需要把它们暂时扔进情绪水库里;演讲前遇到的糟心事、烦恼事,我们也需要把它们暂时扔进情绪水库里。弗洛伊德说,如果情绪水位到达警戒线,个体就会出现无法适当控制情绪的情形。但绝大多数时候,我们的情绪水位还没有到达所谓的警戒线,不是吗?我们需要做的,仅仅是平静十五分钟,清理负面情绪,使自己在演讲时保持好的状态。

至于越积越高的情绪水位,留到演讲以后再慢慢解决吧!现在,我们要试着用以下几种方法,将登台前的负面情绪扔进情绪水库里。

深呼吸,保持头脑清醒。登台前十五分钟,我们开始平复自己的情绪。我们要告诉自己,人生不如意事十之八九,遇到不开心的事在所难免,所以不需要跟自己过不去。可以尝试着深呼吸几次,慢慢让自己躁动的心平静下来。其实回忆一下演讲内容来忘记不快是个不错的选择。

理性思考，自我释放。遇到不顺心的事，我们要学会理性思考。生气有用吗？难过有用吗？理性地将整件事情的脉络理清楚，我们就会发现，事情也许并没有自己想的那么糟糕。很多时候，其实是我们自己太情绪化了。就算有些许小情绪，也要尽量压下来。

学会忘记，暂且放下。如果实在想不通，那就干脆别再想了，把不愉快的事暂且忘记。我们可以在心里默念几遍：马上开始演讲了，大事为重。然后，把所有的心思都放在演讲上，其他的先不去考虑。

客观看待，多想演讲。有些事既然已经发生，无论我们再怎么计较和耿耿于怀，也是改变不了的。对于这些事，我们要抱着淡然的心态。还是那句话：我们要尽量把注意力放在演讲上，尽量在十五分钟内让自己回归平静。

其实，登台演讲前，清理负面情绪的方法还有很多。比如，有些人习惯喝些咖啡，让咖啡的苦味帮助自己保持清醒；有些人习惯吃些东西，觉得美食能够带来好心情；还有些人习惯找朋友聊聊天，以此来舒缓心中的不快。无论什么样的方法，能让自己暂时放下负面情绪的都是好方法。演讲台的方寸之地，是一个没有硝烟的战场。在这个战场上，我们必须保持最佳状态，才能取得最终胜利。而负面情绪，则是我们取得胜利的最大障碍。

演讲前的十五分钟，这段时间你用来清理负面情绪了吗？每一个演讲者，都需要成为情绪的主人，而不是成为情绪的奴隶。

第二讲

气场——
魅力进化，好的形象是成功的一半

虽然演讲者演讲时的主要工具是嘴巴，但也不能忽视其他要素的力量。很多时候，演讲者还未开口展示口才，听众在台下就已经开始为其打分了。为什么？因为气场。在与听众见面的一瞬间，演讲者的形象、气场等，无论好或不好，都会在听众心中留下印象。当然，好形象可以为演讲加分！

第一印象，如何令听众迅速认可你

二战时期，有些人把口才、金钱和原子弹称为"三大武器"；二十世纪六十年代，有些人把口才、金钱和电脑称为"三大武器"；到了今天，口才、金钱和手机又成为新世纪的"三大法宝"。

口才有多重要，从这里可见一斑。

演讲，主要是以口才取胜。于是，有些演讲者就说：想演讲成功，我们就必须练好口才，其他可以不予考虑。这听起来很有道理，但事实真是如此吗？当然不是！在上一章里，我们谈了演讲前需要做的准备——其实演讲前很多准备工作都与口才无关，更重要的是认真和细心。

当一切准备就绪，你胸有成竹地走进会场，走上演讲台，演讲马上就要开始——等等，你确信自己准备好了吗？其实，这个时候，还有一个因素至关重要，它与口才无关，但却能影响到我们的演讲效果，确切地说是影响我们在听众心中的印象。它是什么呢？当然是我们的形象。

大多数时候，我们所面对的听众都是一群陌生人。我们是在进入会场，或登上演讲台的那一刻才与他们第一次见面。这个时候，我们的形象就至关重要了。因为与陌生人会面，第一印象相当重要。第一印象好，我们在听众心目中就能有个高分，接下来的演讲就算略有瑕疵，他们也会包容和理解；第一印象不好，那就危险了，不良印象会影响听众的心情，就算演讲很精彩，他们也有可能会不买账。

所以，在与听众见面时，我们一定要留下好的第一印象，让他们一眼就认可我们。

这难吗？其实一点儿也不难。

第一印象，就是指在与陌生人交往的过程中，所得到的有关对方的最初印象。它主要是根据对方的表情、姿态、服装等形成的印象。换句话说，就是当听众第一眼看到我们时，我们的表情、姿态、服装等，会在他们心里留下印象，而这就是他们对我们的第一印象。

那么，到底怎样做，才能给听众留下好印象呢？我们逐项来说。

先说仪表。有研究表明，影响第一印象的首要因素是仪表。当我们走进会场，或初登演讲台时，着装是否整洁，脸上的笑容是否真诚，都会给听众留下第一印象，听众会为我们打分。这是最直观的第一印象，所以我们必须慎之又慎。

仪表不仅指服装、妆容，我们走或站时的体态、气质、神情等，都包括在仪表之内。所以，就算你其貌不扬，只要整体看起来干净利索，精气神十足，且笑容真诚灿烂，那么听众就会打出高分。相反，长相俊俏但却精神萎靡，穿着邋遢，那么听众会给你高分吗？

所以，在进会场前，留出一分钟的时间，认真检查：服装是否整洁，脸上是否带着笑容，精神是否饱满，等等。等这些都没有问题了，我们才能正式与听众会面。这并不太难，关键是要用心对待。

再说声音。第一印象中，声音起到的作用也至关重要。尤其是对演讲者而言，声音的作用就更重要了。我们说话的方式、语调、语气、语速、节奏等，都可能影响听众的第一印象。举个例子，一个演讲者登上演讲台后，用轻柔的声音对听众说："大家好，我是王小某，请大家多多关照。"听众们会喜欢吗？他们可能会在心里嘀咕："声音这么轻柔，都听不清楚，怎么演讲啊？"听众对你的第一印象难免变差。

演讲需要用"情"。演讲者要饱含热情、激情，还要动之以情，需要让所有的听众听见，并产生情感共鸣。细若蚊蝇的声音，在气场上就输了一大半，更别说让听众听不清楚了，那更会让人反感。所以，一个合格演讲者的基础声音，是要饱满且充满激情的。至于演讲的方式、语速、节奏等，则需要视听众的情况而定。总体来说，要大方得体，语速要适中，节奏要鲜明。如果从一开始听众就喜欢上了你的声音，那么恭喜你，听众对你的第一印象加分了。

举止对第一印象也有着重要影响。一个人的行为举止，无不显示其素质和修养。比如：登台演讲前，你很随意地"啪"的一声往地上扔了个矿泉水瓶子。你可能会觉得没什么，但听众会觉得你没有素质。他们会想：一个没有素质的人，能讲出什么大道理？这个第一印象，会直接拉低演讲的品质。

仪表、声音、举止，这些看似与演讲关系不大的因素，却决定了我们在听众心目中的第一印象。而第一印象好或不好，则又决定了听众对我们的认可程度。说到这里，第一印象对演讲的重要性，已经不言而喻了。总之就是三个字：很重要！

有位演说家曾讲过这样一个例子：远古时代，残酷的生活环境赋予了祖先们特殊的生存本领。他们可以凭借第一印象，判断出陌生动物的危险系数。比如，第一次看到一种高大威猛的动物，不知道这种动物食草还是食肉，他们就会远远地观察。观察什么呢？这种动物见到人是悠闲自在、不紧不慢，还是低伏咆哮、满面杀意？如果是后者，他们就会做出判断：这种动物是吃肉的，需要赶紧逃跑了！

通过这个例子，演说家是想告诉大家：初次见面，观察和审视是人类的本能反应。当我们初次与听众见面时，无论有意还是无意，他们都会本能地通过细节对我们做出观察和判断，并在心里给我们打分。当然,这个分数会直接影响他们对接下来的演讲的评价。如此,我们还会认为第一印象不重要吗?

给人留下好印象,只需要一分钟。那么在演讲前,你有没有好好利用这一分钟,把自己认真地包装起来呢?

好形象要从头到脚都精致

在前面,我们谈到了第一印象的塑造。无论是仪表、声音还是举止,都会影响初次见面时我们留在听众心目中的印象。其实,声音和举止较容易把控,毕竟任何一个演讲者都不会忽略对口头语言和肢体语言的锤炼,反倒是占比最高的仪表,更容易成为演讲失分的地方。

即便走在大街上,奇装异服也难免遭受非议。如果在十几人、几十人甚至几百人的注视下,我们不修边幅地走上演讲台,那结果会怎么样就可想而知了。其实,几乎所有演讲者都不会犯这样的错误,因为谁都知道仪表的重要性。

但是,对于任何一位想获得更高印象分的演讲者来说,只注重仪表的修饰还远远不够,我们要一丝不苟,从头到脚地"武装"自己。这听起来不可思议,但很多时候,正是那些被我们忽略的细节,拉低了我们的印象分。

一天，有个销售各种笔的年轻人走进了某家公司的办公室，他边走边向对方介绍他的笔。笔的确不错，办公室里的两个负责人也很专注地听他的精彩讲解。对于优秀销售人员的现场销售演讲，大家都点头表示认可。但是，很快就出现问题了。办公室的一位负责人发现，这位销售员肩膀上落满了头皮屑。其实，这根本算不上什么大问题。但不巧的是，这位负责人恰好有些洁癖，她怕头皮屑落在自己身上，便立即打断了销售员，并将他请出了办公室。

细节决定成败，对于演讲来说也是如此。这个年轻的销售员绝对想不到，小小的头皮屑会让他失去这次机会。或许，他的推销能力很强，演讲能力也很出色，可又能怎么样呢？其实就算那位办公室负责人没有洁癖，但在看到头皮屑这个小瑕疵之后，也会大大降低对销售员的好感。很多时候，仪表细节如同鞋里的沙子，会在不知不觉中阻碍我们达成目的。

相反，那些对仪表非常重视的人，通常能留下好印象，并且快速实现自己的目标。在这一点上，美国商人盖德就做得非常成功。

早年时候，盖德还是一个一无所有的创业者。在意识到仪表对人际交往的重要性后，他做了一个大胆的决定。

第二天早上，他首先去拜访裁缝，靠着往日的信用，定做了两套昂贵的衣服，欠下了三百美元。出来后，他的口袋里仅有不到一美元的零钱了。然后，他又用同样的方法，买下了一件最好的衬衣及一条领带，还买了一双漂亮的皮鞋。最后，他又到理发店做了一次彻底的"大扫除"。等一切都准备就绪后，他的债务已经达到七百美元。

之后，他去了经常去的一家咖啡馆，同某位富裕的出版商"邂逅"了。当然，所谓的"邂逅"，是盖德通过观察有意创造的机会，他想接近这位出版商。

很显然，盖德的计划成功了。在他精心策划的会面进行了几次后，出版商主动与他打招呼："嗨，朋友，你看起来混得相当不错！"接着，因为盖德看起来成就斐然，出版商便想知道盖德从事什么行业。盖德在第一次"邂逅"时就给出版商留下了很深的印象，当然也引发了其强烈的好奇心。而这些，正是盖德所希望的。

于是，盖德很轻松地告诉出版商，他正在筹备一份新杂志，打算在近期出版。他毫不费力地在出版商面前将自己的出版计划讲了出来。因为对盖德很有好感，出版商便邀请他到自己的俱乐部共进晚餐。两人就此达成合作，盖德甚至"允许"出版商提供三万美元的投资。

我们离成功还有多远？盖德给出了答案：无论离成功还有多远，至少不俗的仪表能拉近我们与成功之间的距离。当然，盖德的成功，除了那身行头外，还有更多的东西，比如头脑、气质、眼光、计划等。但不可否认，他那精致的、极易让人产生好印象的形象，是成功的关键。试想，假如没有从头到脚的包装，一个看起来寒酸落魄的人，出版商可能对他产生好感和兴趣吗？而倘若这关键一步没有实现，那么盖德就算有再好的计划，恐怕也无法实施。

因此，每个演讲者都应该把形象，尤其是与听众初次见面时的形象，放在第一位。我们要慎重对待与听众的每次见面，养成塑造良好个人形象的好习惯。其实，把自己最好的一面呈现出来，不仅是为了在听众心中留下好印象，同时也是对他们的尊重。我们尊重他们，他们才会认可我们，不是吗？

那么，我们整理自己的仪表，应该注意什么呢？

一般来说，男性演讲者在仪表上应该注意：

头发要整齐有型，不要留怪异的发型，否则会让听众觉得不靠谱；胡子要刮得干净，年轻人如果留胡子会给人不修边幅的感觉；指甲不能留长，因为一方面这不卫生，另一方面这会引起一些听众的反感；刺青也最好不要有，如果已经有了，可以用衣服遮住；西装、领带，这个当然是必需的，因为这体现了基本的职业素养；穿西装的时候，一定要配上皮鞋，而且鞋面一定要干净发亮，这会让人觉得很有精神；在演讲台上时，一定要充满激情。

女性演讲者在仪表上应该注意：

头发要干净光滑，体现出女性的魅力；最好化个淡妆，清新脱俗最容易让人产生好感，而太浓的妆会让听众觉得很假，心生反感；

尽量也不要留长指甲；可以佩戴一些比较精致的项链和耳坠，但不宜过大过粗；可以穿西装套裙，这会让演讲者显得落落大方；在演讲台上最好是穿高跟鞋，这会显得更有职业素养；精神面貌要饱满并且充满激情。

好形象是成功的一半。当我们能在演讲台上做到这些，那么演讲成功就不会太难了。

用气质获取信赖感

通俗地说,气质是一个人的一种人格魅力,一种内在魅力的升华。品德、修养、举止等所表现出来的高雅、高洁、温和、豪放等,都是人的气质。

气质不是自己说出来的,而是内在修养与文化修养的一种结合。

它有什么用呢?

小吴是一名刚毕业的大学生,这几天正忙着应聘。在一家大型公司的招聘会上,她凭着名校的文凭和出色的表达能力,过五关,斩六将,一路杀到了最后的面试。

她原以为最后的面试会很难,岂料却简单得有点儿离谱。那位看起来极其亲切的主考官,只让她做一个自我介绍,对自己做个全面阐述就可以了。

这对小吴来说,太简单了。她虽然胆子不大,但口才却很好,何况介绍的还是自己，那就更加得心应手了。接下来，她流利地说了一些自己的基本情况，还说了一些大学时做兼职的经历以及得过的奖项。她觉得，自己通过面试十拿九稳。

但最后，她却落选了。主考官的评价只有一句话：对于一名公关人员来说，你的气质和你的口才不匹配。

其实，对于演讲者来说，气质是一种难以快速培养，却至关重要的因素。有些演讲者似乎很有天赋，登台就能俘获大批听众；有些演讲者也许表达能力很强，可在台上却难以获得听众的认同。为什么呢？其实很大程度上是受到气质的影响。

没办法，气质好的演讲者总是比气质差的演讲者更容易获得听众的喜爱和信赖。

这其实不难理解。人的气质，一般可以分为四种类型，即兴奋型、活泼型、安静型和抑制型。在演讲台上，因为场合特殊，所以那些有着热情直率、精力旺盛、成熟稳重等讨人喜欢的气质的演讲者会比那些反应迟缓、沉默寡言、肢体僵硬的演讲者更容易打动听众的心。拥有那些讨人喜欢的气质，就是我们所谓的气质好。

因此，作为一个演讲者，我们要学会用好气质为我们的演讲加分。

问题又来了：气质是一个人内在的人格魅力和修养的外在体现，它不能如着装打扮一样可以很快改变，那么演讲者该如何去提升气质呢？我们知道，穿着得体和说话有分寸可以在一定程度上提升气质，但这只是一部分，还需要从哪些方面提升个人气质呢？

在这里，我们将从多个角度介绍提升气质的途径与方法。

1. 创造机会。气质不是学来的，而是培养出来的。所以作为演讲者，你需要多为自己创造培养气质的机会，比如锻炼身体，或者学习说话的技巧。这些都有助于个人气质的提升。

2. 结交朋友。所谓"近朱者赤，近墨者黑"，是非常有道理的。所以，你可以多交一些气质好的朋友，平时多跟他们交流。这样，你就能在潜移默化中变得更有气质。

3. 看书思考。气质的改变，是一个长期的过程，所以抽空多读读书。古人说"腹有诗书气自华"，说的就是读书能令人气质高雅。作为一个演讲者，不一定非得读诗词歌赋，但一定要多读有内涵的书，慢慢积累，气质就会越来越好。

4. 培养自信。自信的人会更加美丽。萧伯纳说："有自信的人，可以化渺小为伟大，化平庸为神奇。"自信能给人一种"我能行"的感觉，并让人产生信赖感和信任感。所以，作为一名演讲者，你必须让自己的自信心充足。如果你都不相信自己，又如何让听众信任你呢？

5. 胸襟宽阔。正所谓"君子坦荡荡，小人长戚戚"，有容人之量的人很容易显示出自己的独特气质。所以在生活中，你要学会做一个胸襟宽阔的人。一个胸襟宽阔的人，他的言谈举止能让人感受到过人的气量，这也是听众喜欢的气质。

6.学会幽默。在人际交往中，幽默的性格更容易拉近人与人之间的距离。所以，你要试着使用幽默的语言，让自己变得幽默起来，这不仅能提升自身气质，还会给周围的人带去轻松和愉快。不过，需要注意的是，幽默不等于搞笑，它体现着一种人生的智慧，一些独到的人生体验。你可以通过丰富自己的知识、多思考来培养自己这方面的能力。

7.真诚谦虚。这不仅是性格上的一种特质，也能彰显一个人的精神境界和胸襟气量。经过沉淀，这种特质会升华成让人信赖的气质。对于演讲者而言，这种气质尤为重要。因为，听众更乐意倾听一个真诚、谦虚的人的演讲。所以，演讲者要注重自身性格的培养，让自己能真诚、谦虚地面对听众。

8.尊重听众。在演讲中，要学会尊重听众。不能图一时之快，说话口无遮拦，有些演讲雷区一定要注意规避。把握好演讲的分寸，让听众产生"听"的愉悦，也是一种气质。

9.积极乐观。无论是在演讲台上，还是在演讲台下，你都要做一个积极乐观的人。积极乐观的性格会让靠近你的人也变得积极乐观起来，听众很容易捕捉到这种气质。所以，请保持积极乐观的心态，就算在演讲台上遇到突发事件，也要积极乐观地面对。

气质的提升并非一朝一夕就可以实现的。但在这里，我们还是要尽可能多地罗列出提升方法，目的就是让演讲者们把修炼气质当成一门日常功课。多读书、多学习、多积累沉淀，心胸豁达，积极乐观，一点一滴地培养自己的气质。很多时候，气质带来的信赖感，会成为我们演讲成功的砝码。

演讲台上的你，有让人信赖的气质吗？

修炼强大气场，弥补自身缺陷

不难发现，那些身材好、容貌佳、体魄强的演讲者更容易博得听众好感。这些光彩照人的因素，能为演讲者带来极为有利的条件。

可是，并不是每个演讲者都具备这些条件的，那些容貌欠佳，甚至有某些生理缺陷的演讲者，该如何面对听众呢？

美国前总统林肯，他的雄辩、幽默举世公认，但是他的外貌却很平庸。有一次林肯在散步的时候，为一位骑马的陌生女士让路。那女士竟然停下来，目不转睛地看着他，然后说："我一直以为我是最丑陋的人，但见了你之后我才知道，我的这种认知是错误的。"说完，那位无礼的女士还建议林肯最好不要出门，以免被别人嘲笑。

林肯没有生气，不过，他也没有接受那位妇女的"忠告"，而是继续锤炼自己的演讲水平。他以豁达的胸怀和博大精深的知识弥补了自己相貌上的不足，让自己成了一个气场强大的人。后来，除了政治上的成就，他在演讲上也获得了极大成功，几乎每场演讲都会有轰动全美国的效果。

张海迪五岁患脊髓病，因为无法上学，她便在家自学完成了小学、中学及大学课程，并自学包括英语、日语、德语在内的多门外语，最终成了一名出色的作家。成名之后，她坐在轮椅上进行了多次演讲。身体的缺陷并没有让她退缩，她用自己独特的经历和富有激情的演讲感染了众多的听众，使人们对她肃然起敬。

一位相貌欠佳，一位身体残疾，两位同样"有问题"的演讲者，为何能够获得成功呢？这是因为，他们都努力让自己发光，用气场弥补自己的缺陷，以才能征服听众。人无完人，很多想成为或已成为演讲者的人，身上都有着这样那样的不足和缺陷。但是，这些并不是阻碍演讲成功的理由。

而那些被缺陷限制，却又不勇于突破的人，无一例外都倒在了通往成功的路上。

大学毕业后，周倩如愿进入一家贸易公司工作。可三年过去了，她还是在原来的职位上，工作没有任何起色。朋友为她抱不平："为什么和你同期进公司的其他人，最差也成了项目经理，而只有你在原地踏步？你的能力也不比他们差呀！"

周倩苦笑着说："因为我的手会抖啊！"

原来，在贸易公司上班，需要经常主持一些客户见面会。而周倩在这项工作上遇到了重大难关——因为胆小，从上学开始，她当众讲话时会大喘气，手也抖得厉害。虽然试过很多方法，但都无济于事。因为这个缺陷，她在讲台上没少受挫折。久而久之，她就再也不敢登台演讲了。也正是因为这个原因，她失去了好几次晋升的机会。

看得出来，周倩登台大喘气、手抖的缺陷，是由于紧张。严格来说，这其实算不上什么大毛病，甚至不能算是缺陷。因为，无论是谁，刚开始登台面对听众时，多少都会有些紧张。世界上那些著名的演说家、歌唱家，都有过怯场的经历。一旦你走上讲台成为焦点，就会引发各种紧张反应，比如手抖、声音颤抖、说话结巴等。世界著名男高音多明戈，甚至会因为紧张而发挥失常，最高的纪录是在一场表演中破音五次，更何况我们这些普通人了。

所以，这是一种难以避免的普遍现象。

但是，这种普遍现象绝非无法克服。试想：如果我们准备周全，心态良好，平时多准备、练习，多给自己登台的机会，不去在意那些异样的眼光，那么我们还会紧张和担心吗？这样做我们能够克服大喘气和手抖的毛病吗？当然可以！

对于一个演讲者或者想成为演讲者的人来说，真的不需要过多在意自己的缺陷。那些看起来似乎会成为演讲障碍的因素，在很多时候，其实并不能成为障碍。关键在于我们自己，在于我们是否有一颗强大的心，在于我们是否能修炼出强大的气场，并用气场去弥补我们自身的不足。

当知识、胸襟、气魄和技巧等经过沉淀，成为你强大的气场时，站在演讲台上，我们会所向披靡。那么这时，又有谁会去关注那些微不足道的缺点呢？就算有人注意，他们也会由衷赞叹：有缺陷还能如此出色，真了不起！

我们就是要成为了不起的演讲者！

你注意过成功人士的走路姿势吗

如果你看到一位男子迈着约翰·韦恩式的步伐走进一家酒吧，心里会做出怎样的判断？哪怕从来不认识那名男子，你也会认为，那个人肯定是个信心十足的硬汉。为什么会做出这样的判断？因为，你看到了他走路的姿势。

美国的心理学家曾做过一项研究，结果显示：生活中绝大多数人都喜欢根据别人走路的姿势来对其性格做出判断，当然，非常熟悉的朋友除外。确实如此，当两个陌生人相遇时，彼此间的印象不仅来自仪表、声音，还有行为举止，而走路的姿势正是举止中一项重要的内容。人们习惯根据走路姿势，来对一个陌生人的性格做出评判。

比如：走起路来沉稳有力，那么这个人肯定性格果敢，做事雷厉风行；走起路来轻浮无力，说明这个人性格软弱，难成大事……

这些判断未必完全正确，但人们喜欢根据走路姿势，再加上自己的想象，对陌生人做出基本判断。而且，这些判断是有一定道理的。

1935年，德国心理学家沃纳·沃尔夫发表了一篇关于走路姿势和心态方面研究的文章。在文章中，他阐述了一个自己的实验：

他在五名男子和三名女子毫不知情的情况下，拍摄了他们身穿工装，参与一项任务的视频。之后，他将隐去头部的剪辑版视频交给这些参与者看，并请他们根据各自的走路姿势，对他人性格做出解读。结果，参与者们很容易根据走路姿势，对其他人的性格做出判断，而且他们的判断非常相似，判断的结果也很准确。

这也就是说，通过走路姿势，我们可以对一个人的性格做出基本判断。

那么，作为演讲者，我们有注意过自己的走路姿势吗？我们有没有想过，从走进会场的那刻起，我们走路的姿势已经落入了听众眼里，而他们会以此对我们做出基本判断？如此，我们在听众面前应该展现什么样的走路姿势？

其实这些问题，从一些成功者的身上就可以找到答案。

任何成功者，他们的走路姿势都透露着沉稳自信和强大气场，因为走路姿势在一定程度上映射了人的内心世界。那些步履蹒跚、走路虚浮无力的人，事业往往并不如意。对于演讲者来说，为使听众产生信赖感，我们需要拿出能让他们信赖的证据。而他们根据走路姿势做出的对我们的基本判断，其实就是最好的证据。

当我们龙行虎步、沉稳自信地走进会场，走上演讲台时，听众会想：这个人自信强大，一定有很强的能力。而当我们脚步虚浮、左摇右摆地走进会场，走上演讲台时，听众就会想：这个人一点儿自信都没有，还给我们讲什么呀？

哪种效果更好？其实已经很明显了。

所以，对于演讲者来说，像成功人士那样走出强大、自信的步伐，是让听众喜欢和信赖的重要一环。听众喜欢从自己的判断中认识我们，那么我们就必须摆出最好的姿态，迎接他们的审视和判断，这其实并不难。

那么，成功人士的走路姿势具体是什么样子呢？有什么值得我们借鉴的地方呢？

1.步伐平稳。一般来说，听众喜欢步伐平稳的人，因为这种走路姿势能显出一个人务实、精明稳健、重信守诺的性格。当然了，有这种性格的人，也是可以信赖的人。很多成功人士走路都是平稳自信，并且气场强大的。

2.昂首阔步。走路时昂首挺胸的人，一般自我意识比较强，思维敏捷，做事有条理，自始至终都能保持完美的形象。听众看到这种步伐，第一印象就是这个人很有气场，大有来头。

3.步伐急促。我们经常会看到有些演讲者步履匆匆地走上演讲台。无论是否有急事,他们都会快速上前,认真处理。这类人办事有效率,遇事不推卸责任,精力充沛,能面对各种挑战。这种性格也是听众喜欢的性格。

4.步履整齐。这类人意志力很强,有很强的组织能力,对信念执着专注。一般来说,整齐的步伐、挺拔的身姿,很容易让听众产生好感。听众对有着这种走路姿态的人,往往十分信任。

其实,成功人士走路的姿势还有很多种:随意型,能显示出豁达、不拘小节的性格;斯文型,能显示出较高的修养和涵养。这些性格,都能让听众喜欢并接纳。

但是,也有很多种走路姿势,是听众所不喜欢的。也许在不经意间,听众就能根据你的走路姿势,认定你是一个不靠谱的人。都有哪些听众不喜欢的走路姿势呢?

比如:踌躇型,这类人走路时步速缓慢,踌躇不前,好像前面有陷阱一般,让人看着都着急;混乱型,走路时,双手双足挥动不均,步伐大小不齐,一般来说,这类人善忘多疑,不负责任;观望型,这类人走路时左顾右盼,躲躲闪闪,仿佛做了亏心事,初次登台的演讲者极易出现这种走路姿势,这会让听众一眼就看出演讲者心虚;作态型,走路如随风左摇右摆的杨柳,这类人好装腔作势,实则并没有什么真实本领。

作为演讲者,你的走路姿势是哪种呢?一个演讲者要想获得更多的理解和支持，更多的掌声，那么就要努力走出自信，走出气势。要知道，能让听众喜欢的走路姿势，可以为我们的演讲加分不少。

当然了，走路姿势非一朝一夕可以练就。我们平时可以多看看那些成功者，看他们是如何依靠走路姿势获得听众的喜爱的。如此，训练出受听众喜爱的走路姿势，也就不会太困难了。

优秀的演说家都拥有强大的气场

先说一个与演讲没多大关系的故事：

曹操统一北方后，声名大振。匈奴派使者觐见汉天子，使者请求面见曹操。对于这个请求，曹操自然满口答应。可是同意之后，他却又有些后悔了。为什么呢？原来，他很想在外族人面前显显威风，但感觉自己长得不够气派，怕不能让使者信服。想来想去，他想到了一个办法，就是让尚书崔琰做自己的替身，去接见匈奴使者。

崔琰是汉末名士，在朝野很有威望，而且和曹操还有姻亲关系。崔琰的侄女是曹操儿子曹植的妻子。当然这不是最重要的，最重要的是，崔琰是朝中有名的美男子，不仅身材魁梧伟岸，而且一把胡子修饰得极为漂亮，有"美髯公"之称。曹操正是想用这种办法来增加自己在匈奴人中的威望。

接见匈奴使者时，崔琰装成曹操，端坐正中，接受拜贺；而曹操却扮成侍卫模样,手握钢刀,挺立在崔琰身后。接见完毕,曹操派人去问匈奴使者对魏王有什么看法。使者不假思索地说:"魏王俊美,风采高雅,而旁侧握刀的那个侍卫气度威严,非常人可及,是为真英雄也。"他对"侍卫"的评价,竟然高过了"魏王",真是让人称奇。

在使者眼中,由崔琰假扮的"魏王"俊美高雅,可为什么比不上一个握刀的"侍卫"呢?究其根本,这是由气场决定的。长期居于高位,曹操身上所具备的强大气场,绝非俊美的崔琰可以比拟。

什么是气场?心理学家认为气场就是感觉,而交际学家则认为,气场是一个人的影响力。其实说得简单些,两个人接触,一方总会给另一方某种感觉。曹操气度威严、英勇非凡,使者感觉到了,这就是曹操的气场影响了使者。气场虽然看不见、摸不到,但在很多时候,它能对交际产生至关重要的影响。尤其是对演讲者,那影响就更大了。

所以,任何演讲者都要学会精心设计,让自己变成一个气场强大的人。

其实在前面,我们已经介绍过很多增强气场的方法,比如塑造良好形象、提高个人修养等。这些方法简单实用,都可以帮助我们在潜移默化中增强自己的气场。但是,对于演讲者而言,这些显然不够。我们还需要通过精心设计,让强大的气场融入我们的骨血中。

现在，我们就来系统地阐述一下：如何通过设计，增强自己的气场。

1.提升气质。我们经常听到有人说："这个人气质真好！""这个人气质不怎么样！"气质不仅是一个人的个性特点和风格气度，同样也是其个性心理的特征之一。因此，了解一个人的气质，就能了解一个人。而一个人随着认识、情感、言语、行动的变化，气质也会变化，例如读书会提升人的气质，道理就在于此。

那么气质与气场有什么关系呢？气质是一种能量，它是气场的具体表现形式。没有气场作为基础，气质就无从谈起。可以说，气质是在人的生理素质的基础上，通过生活实践自觉或不自觉地调整、改变、稳定自己的气场，在后天条件影响下形成的，并受到自身的世界观和性格的控制。简单来说，一个人在提升气质时，他的气场也会变得强大起来。

所以，假如我们不知如何增强自己的气场，那么不妨尝试一下提升自己的气质，至于方法前面已经讲过了。气质提升了，那么气场自然而然也就强大了。

2.修炼情商。我们对"情商"这个词已经耳熟能详了。情商理论最早是由美国心理学家戈尔曼于1995年提出的，他认为情商高于智商，情商的基础是对情绪的有效控制和运用。在他看来，情商是认识、控制和调节自身情感的能力，情商的高低反映着情感品质的差异，它比智商更能影响人的成败。

情商和气场有着密不可分的联系。情商主要反映一个人感受、理解、运用、表达、控制和调节自己情感的能力，以及处理情感关系的能力。它隐藏在气场深处，同时也是气场的放大器，它的高低决定了气场的强弱。

对于演讲者来说，当他拥有较高的情商和智商时，他的气场自然也就较强大，就像歌唱家用了一个很好的扩音器。反之，如果他的情商很低，那么气场就会很弱，甚至会被听众所诟病。所以，演讲者需要注意修炼自己的情商。

修炼情商除了多学习、多看书外，还应该提高自我意识能力、提高情绪管理能力、增强同理心等。演讲者在闲暇之余，应多从这些方面着手，提高情商，增强气场。

谁也不是天赋异禀的演讲天才，那些拥有强大气场的演讲者，无一不是经过修炼而有了最终的成就。所以，如果可以精心设计，努力坚持，提高自己的演讲能力以及增强自己的气场，我们就可以成为优秀的演说家。

在演讲的路上，我们还有很长的路要走。

第三讲

怯场——
弱化恐惧，战胜内心的忐忑

　　无论是谁，无论一个人心理有多么强大，当他站在台上面对一群陌生的听众时，心里多少都会有些紧张。没办法，这是人的天性。

　　不同的是，失败的演讲者会在心中将这种恐惧情绪放大，让自己在台上瑟瑟发抖，让演讲变得糟糕；而出色的演讲者，则会弱化这种恐惧情绪，战胜内心的忐忑不安，甚至化恐惧为力量，让演讲更加精彩。

战胜自己，勇敢地张开嘴

在我们的生活中，说话是一种本能。

只要具备语言表达能力，每个人每天都会说许多话：跟父母、朋友、同事……面对不同的对象，人们的心态也是不一样的。

许多人有时候不敢说话，尤其是在许多人面前做演讲、做报告。因为此时会产生紧张、激动甚至恐惧的心理，所以许多人都会选择逃避。

通常我们认为，内向的人不敢在大众面前讲话，因为这类群体本身就给人留下了不擅长交流的印象。其实，外向的人同样也会遇到这个问题，别看他们平常说话的时候滔滔不绝、激情洋溢，但是让他们在众人面前来一场正式的演讲，他们就会产生消极逃避的情绪，甚至不敢张嘴说话。

看过《生活大爆炸》的人都知道，里面的主角谢尔顿就是这样一个人，某一集中还专门讨论了这个问题。谢尔顿是几个人中智商最高的人。凡是有他的地方，就有一场"科普讲座"等待着大家。没错，就是这么一个人居然也有不敢张嘴说话的时候。

就在大家聚会的时候，谢尔顿接到了一个电话，通知他领奖并准备演讲。可是他却拒绝了，这让大家觉得非常奇怪。无奈之下，他说出了实情，他不敢当众演讲，当听演讲的人数超过一定的数量，他便会产生一系列不舒服的反应。我们应该都能猜到，就是紧张到结巴或是激动到头晕。

于是，热心的朋友们准备帮他克服困难，希望他给大家带来一场精彩的演讲。有人帮他做心理治疗，有人帮他提升衣品，但是这些都不管用。而结局充满了喜剧色彩，从不喝酒的谢尔顿喝了几口酒就上台了。在台上他开来宾的玩笑，调侃科学，最后当众把裤子给脱了！

艺术来源于生活，哪怕像谢尔顿这样自信到骄傲的人，也有不敢开口的时候。当众讲话不只在学生生涯会遇到，工作之后更是随时都会遇到，甚至家族聚餐、朋友聚会时都能遇到。如果经历过一次恐惧，那么以后每一次遇到这样的情况都有可能会恐惧。因为抵触心理作怪，不敢张口说话这个阴影就会笼罩着我们的生活。

我们想要克服这个难题，第一步就是要承认自己的缺陷，缺乏勇气必然无法战胜自己。在公众面前演讲，其实就是在许多人面前表达，这需要锻炼。树立信心，相信自己可以做到。不管在什么场合,都要敢说、多说。说错了怕什么呢?许多演讲家站在台上一样会说错话,错了可以纠正,关键是要敢说。

之前有部电影叫作《中国合伙人》。在电影中,黄晓明扮演的成冬青是个"土鳖",他说话时结结巴巴,英语说得跟方言一样。一入大学,就被同学们鄙视了,因为没有新版的词典,他的发音屡屡被嘲笑。

但是他不怕丢脸,认准了学英语,就一头扎进去从头学起,从头练起。虽然还是会被嘲笑,但是他从来都不怕。这种每时每刻都想开口说话的欲望,让他最终练成一口流利的英语,而他也凭着优秀的成绩留校,给学生讲课没有任何问题。

后来因为犯了错误,成冬青被开除了。他就跑去办英语辅导班,从几个学生到几百个学生。再看他说话,还有问题吗?当然没有,面对一屋子的学生,他风趣幽默,游刃有余;面对十几名记者,他侃侃而谈。任何场合下的演讲他都不怕。他就因为敢于开口,才最终为自己赢得了一个精彩的未来。

再看看他曾经的偶像孟晓骏,曾经是各种演讲会中的佼佼者。后因在国外遭遇不顺,自信心受打击,回来演讲的时候居然怯场了,反倒是成冬青出面帮他解围。事实证明,如果不经常开口说话,就会有一种恐惧感。

口才不是天生的,演讲家也不是生来就能面对几千人而滔滔不绝的。他们也是在做了长时间的准备，消除了自己对演讲的恐惧之后，才让我们看到一位成功的演讲大师的。

仔细想想，演讲有什么好恐惧的呢？与其说是对坐在下面的乌泱泱的人群感到害怕，不如说是过不了自己内心的这一关。内心的恐惧才是真正的根源，它使我们在演讲的过程中表达出现障碍、思绪开始混乱、肢体动作不受控制……

所以，弱化心中的恐惧，就要勇于开口说，这是顺利开展演讲的前提。不管是什么原因导致的恐惧，都应该学会克服。经历过一次失败，人们就会担心下一次的结果，甚至会暗示自己：我不敢说，我不会说。但是一旦真正地习惯了开口说话，那么成功的喜悦就会成为下一次演讲的动力。

紧张很正常，但你必须知道如何缓解紧张情绪

许多人说："我不敢上台演讲的原因是我会紧张。"这里我要告诉大家的是，在台上时，紧张是一种正常的现象。普通人上台会紧张，那些经常上台唱歌、跳舞、演讲的人也会有紧张感。这并不是个例，而是大家都会遇到的问题。

为什么会怯场呢？通常有两个原因：第一是准备不够充分，第二是对自己期望过高。准备不充分就上台，一般结果都不会太好，各种状况都会发生。而对自己期望太高，说白了，就是想展示出更高的水平，想给众人留下完美印象。

这两种心理状态，都容易让人产生压力，压力过大就会变成恐惧和紧张。类似的联想更是有很多，比如有人会想："我还没准备好呢，到台上万一出了差错，那不就是当众出丑吗，以后我还怎么混？""别人说得那么好，我要是说得不好，被别人听出来了，以后

还怎么见人？"明明可以轻松完成的事情，在这种负面的情绪以及心理的影响下，演讲者就会背负莫大的压力。

紧张感的出现，意味着演讲者需要找到适合自己的方法，缓解紧张，减轻压力，这样才能在演讲之前做到心态平和、充满自信。

世界著名男高音帕瓦罗蒂继承了父亲高亢的嗓音，很早就成了著名的歌唱家。他经常在全世界各国开演唱会，来听他唱歌的人数不胜数。尽管如此，帕瓦罗蒂每次上台之前还是会紧张，并且无法缓解。后来他发现，只要自己大吃大喝一顿，就可以缓解自己紧张的情绪。但是长此以往，对身体健康影响极大。他不得不寻找其他的方法来缓解紧张感。

后来他想起来家乡的一种说法：只要找到一个弯曲的钉子，就能有好运气。于是，他便将自己的注意力从吃转移到寻找钉子上去了，而且一定要找一个弯的钉子。

所以，每次上台前，帕瓦罗蒂都会在后台仔细地四处寻找，不知道的还以为他丢了自己的钻戒呢。但是不管别人怎么看，他每次上台之前一定要在后台寻找到一枚弯弯的钉子，才能缓解紧张的情绪。不然，他就拒绝登台表演。这可不是随便说说，他真的拒绝过芝加哥歌剧院的演出，这导致芝加哥歌剧院误以为他态度有问题。但是帕瓦罗蒂知道，如果他带着紧张的情绪上台，也不会有好的演出效果，那还不如不上呢。

后来,他在演出前找钉子的习惯被大家知道了。为了让他上台演出时能保持平和的心态,许多主办方会故意在后台给他留一个弯钉子,帮助他消除紧张感。

不管是吃东西,还是找钉子,都是帕瓦罗蒂缓解紧张情绪的方法。我们不用像他一样吃东西,或相信传说中的好运,但是调整好心态却是非常必要的。紧张只是一种表象,引起紧张的原因通常是过分看重结果,或者准备不充分。在做好演讲前准备工作的前提下,真正放松下来,才是重点。

林肯是有名的政治家,但是他上台之前也会紧张。紧张的原因说起来让人心酸——自卑。林肯小时候家境贫寒,历经坎坷,就算当上了美国的总统,依然摆脱不了贫穷的生活带给他的自卑。

巨大的心理压力不是他逃避的理由,开不完的会议、一场接一场的演讲等,使得他堆积了极多的心理问题。心病还须心药医,医生只能建议他放松,找一种让自己不紧张的方法。

经过一番尝试,林肯还真找到了办法。他把所有报纸杂志上关于他的报道剪下来,重点是那些鼓励、赞扬他的评论。把这些充满鼓励、称赞的小纸条放在口袋里,林肯就觉得心安,也就不那么紧张了。每次上台发言之前,他就会摸一摸那些纸条,感受一下来自大家的支持,瞬间就会放松心态,自然也不会那么紧张了。

想要做到完全不紧张,是不太可能的。但是找到一种适合自己的方法来缓解紧张情绪,十分有必要。就像林肯,那些小纸条一直伴随着他,直到他完成美国总统的光荣使命。

紧张的情绪是一把双刃剑,适当的紧张可以促使演讲者做好准备,全心面对,争取获得一个令自己满意的成绩。但是过分紧张,就像我们所说的四肢发抖、自卑害怕,就必须采取有效措施去缓解了。缓解紧张情绪,能帮我们消除恐惧,自信面对一切。

万事俱备,让勇气成为你最坚固的护盾

俗话说,万事俱备,只欠东风。在演讲前,做好内容的准备,也练好了肢体语言,那么下一步,就是鼓起勇气登台演讲了。有人说,这有什么难的,抬腿登台不就行了?事实上,经历过许多次演讲的人都知道,上台前的几分钟,会遭受严重的煎熬。就像那句歌词:"往前一步是黄昏,退后一步是人生。"在那一刻,许多人忐忑不安,想要心情轻松地登台,怕是很难。

但是,经过了长时间的准备,跟自己反复斗争了许多回之后,真的要临阵退缩吗?当然不行。爱默生有一句话说得很好:"恐惧比世界上的其他事物更能击溃人类。"倒不是说人类脆弱不堪,而是心中的忐忑会吞噬一个人的冷静,进而带来巨大的恐慌,而这恐慌正是让大多数人崩溃的根本原因。

这个时候,唯有勇气可以救我们于水火之中。没有勇气,许多

人都会成为逃兵，比如电视剧中常演的临阵脱逃的情节，就是缺乏勇气的表现。杜士扬说："多数人并非没有梦想，而是缺少面对梦想的勇气。"站在华丽的舞台上，应该是许多人的梦想，而成就梦想最重要的就是勇气。

美国有一位骁勇善战的将领，叫作格兰特。他在美国南北战争中率领北方将士打败了南方部队，深得人心。他在战场上颇有大将风度，不管遇到什么样的战况，都能很自信也很淡然地面对，从未有人见过他胆小怯懦的一面。所有将士都对这位将军崇拜无比，因此战争取得了胜利。

等到庆功的那一天，大家都高声呼喊，让将军做个演讲，跟大家说说话。但是在战场上英勇无比的将军，此刻却怯场了。他不敢登台演讲，不敢在这种场合跟大家说话。这时候他缺乏的正是勇气。

难道演讲台比战场还要可怕吗？这因人而异。在战场上骁勇善战的人，未必就能大方、自信地登上演讲台。这个时候，许多人就如同格兰特将军一样，需要打破心中的顾忌，鼓起勇气走上台去。其实说得好不好，将士们并不在乎，他们在乎的是将军站在台上的雄伟形象。

登台演讲需要很多东西，比如高超的口才、充分的资料准备，但是即便这些都准备好了，也并不意味着成功就会手到擒来。自信心和勇气，在演讲中的作用非常关键。演讲就像是一场战斗，从接受"命令"开始,演讲者就需要勇气的激励,征服了听众,才能获得"战争"的胜利。缺乏勇气会让战争失败,同样,缺乏勇气也会让演讲失利。

演讲稿准备好了,脱稿都没问题,内容也全是干货,但就是没有勇气上台,是不是非常可惜?大家可惜的是没有听到演讲,而对演讲者来说,可怕的是以后每一次都会缺乏勇气,造成心理上的阴影。

人越是长大,顾虑就会越多。许多时候我们敬佩第一个发言的人,并不是因为这个人演讲技巧高超,而是对他的勇气佩服有加。这就跟第一个吃螃蟹的人一样,冒着生命危险去尝试,而成大事者必须有克服怯场的勇气。

真正的演讲大家,一靠勇气,二靠口才。将两者结合起来,做好心理上的准备,行动起来才不会太难。相信自己,给自己勇气,体会到演讲成功的喜悦,那么你将会期待下一次演讲的到来。

自我激励，你其实无所不能

激励意味着支持，我们在日常生活中经常会听到"激励"二字。物质激励，是拿实物来激励，比如奖金；精神上的激励，是对心灵的激励，比如口头表扬、颁发奖状。不管什么形式的激励，其目的都是一致的，就是激发人的动力。企业为了使员工更好地工作，会通过绩效进行激励；学校为了使学生自觉学习，会对成绩优异者进行奖励。

可是自我激励才是一个人成为真正强者的秘诀，这种激励是发自内心的、主动的。比起外部的激励，自我激励可以最大化地增强一个人的主动性和积极性，完成从被动接受到主动突破的升华。

张亚玲是毕业于政法大学的一名学生，她毕业之后在职场中几经辗转，后来成为SONOS（搜诺思）公司亚洲区总裁。由于成就斐然，张亚玲被邀请回母校为师生做一场演讲，而她的演讲主题正是"激励成就人生"。

在演讲中,她不止一次提到自己的成功完全是因为自我的激励。她说:"人不自我激励,只能停滞不前,毫无建树。"她在四十七岁的时候选择加入SONOS,完全是自我激励的结果。她的故事告诉我们,只有勇敢地坚持与尝试,坚定地自我激励,才能与成功相遇。

许多人说自己经常怯场,害怕面对那么多人,甚至不敢登上演讲台。其实内心的畏惧泛滥的时候,正是自我激励大展身手的时候。激励的能量来自哪里?淡化心中的胆怯,告诉自己"我可以",说到底,这也是一种典型的自我治疗。

徐丽是个老师,讲课是她的工作。但是她的心里却始终有块石头压着,因为她害怕讲课。如果只对着学生还好,毕竟每天都对着孩子们,早已经习惯了。让她倍感压力的是上公开课,除了学生,教室的后面坐满了人,都在盯着她。不过,她都勉强应对过去了。

但是有一次,校长专门跑过来告诉她:"过两天省里领导来听课,就听你的课。到时候你好好准备一下,争取为学校争光。"说完,校长便走了。然而徐丽心里备受煎熬:这哪里是公开课,简直就是一场关系学校荣誉的演讲啊!这可怎么办?

想来想去,她都不知道该如何调整好自己的心态。其实,校长何尝不知道她的这个问题呢?他这次是故意给她这个机会,锻炼一下她。徐丽犹豫许久,还是决定跟校长说:"校长,能不能找别人?我容易怯场,怕讲不好。"校长突然就笑了:"这样吧,从现在开始我每天带几个老师听你讲课。你呢，上课之前就跟自己说说话，鼓励一下自己，锻炼锻炼就好了。"

骑虎难下的徐丽也只能试试看了。第一天，面对学生和来听课的校长、老师，徐丽没有像以前那样直接走进教室讲课，而是站在教室的门口，暗暗地对自己说："相信自己，你可以的，你什么都能做到！只是四十五分钟的课而已。你的内心无比强大，因为你是最棒的！"说了这些还不够，徐丽还偷偷用中性笔在自己的手心写下："你是最棒的老师，你最强大！"

做好这些准备工作，徐丽才走进教室。说来也怪，这种激励的话说了几次后，徐丽虽然还是紧张，但明显自信多了。她不再害怕上公开课，因为她不断地激励自己什么都可以做到，就仿佛真的有股能量在推着她，往最好的方向走。等省领导来听课的时候，徐丽还是按照这种激励方法给自己打气，虽然开始也会紧张，但进入状态后，这种紧张感就消失了。

人的潜力是无限的，正如徐丽暗示自己很强大、很厉害一样，被激励后的人能挖掘出平时察觉不到的潜力。这种潜力可以打败你心中胆小害怕的情绪，从而帮助你走向成功。

自我激励犹如一个打气筒，打气筒给瘪的轮胎充满气之后，车子就能快速地行驶起来。人被"打气"之后，就会像斗士一样充满斗志，变成勇往直前的战士。这时候，区区一场演讲，岂能难得倒你？

抓住机会多多练习,给足自己信心

俗话说:"台上一分钟,台下十年功。"许多演讲大家在台上风度翩翩、口吐莲花,让听众深深信服,并对其肃然起敬。但是这演讲台上的精彩,是台下多少次练习之后才得到的成果。付出了才有回报,没有谁可以随便就说出让人折服的话,也没有谁轻易就能获得认可与掌声。

不敢上台,内心不安,许多时候不敢说话,不是因为没有这个能力,而是因为他们没有锻炼过这种能力。害怕自己在台上言语不清、逻辑混乱、用词不当,那就应该改变不良心态,并努力练习演讲技能。要知道,不懂得交流不仅会影响人际关系,还会对个人发展造成影响。

张志在单位里是名好员工,工作上兢兢业业,与同事的关系也非常好。但是在单位多年,比他晚入职的人都成了部门经理、主管,而他还只是一个有资历的老员工而已。平心而论,张志的业务能力非常棒,工作效率也很高,但为什么就得不到升职机会呢?

答案很简单,张志不太会说话。他本身就不太喜欢多说话,在单位跟同事说话还可以,但是到了领导那里,就只剩下"嗯""对""是的"。比如有一个项目,张志明明是骨干成员,大部分活儿都是他干的,但是领导表扬他们,让每个人说说工作心得的时候,别人都说得头头是道,张志却简单地说了几句谦虚的话。年终总结大会上,别人都说得热血沸腾,只有张志因为紧张,没有信心,说得非常简短,因而就给领导留下了敷衍了事的印象。

就这样,领导觉得张志虽不错,但没有当管理者的能力,所以一直没有提拔他。试想一个连工作汇报都做不好的人,如何能带好一个团队呢?

大家都知道,这种结果对张志是不公平的,但是说话这种事,别人也是爱莫能助。能怎么办呢?必须相信自己,给自己信心。而这种信心,来自平时的积累与练习,说话就如同吃饭、睡觉一样,是种本能。只有多加练习,在遇到人多的场合时,内心才不会有忐忑感,反而会很有兴趣和胆量去跟大家交流。

什么时候我们有练习的机会呢?生活处处都需要交流,需要说话的场合就有锻炼的机会。

比如在家里的时候,跟家人说话,这个时候就可以练习一下。

家人心情不佳，情绪很低落，就可以从各个方面加以疏导，这也是一场小型的情绪话题演讲。孩子想听个故事再睡觉，不要觉得烦，要感谢孩子给你这个练习的机会。边看故事书，边加入自己的想象，给孩子一次完美的听故事体验，同时自己也知道了如何讲述吸引人的故事。同学聚会、家庭聚会、同事婚礼，大家在一起喝酒的时候，必须说点儿祝酒词。可以抓住这个机会练习，既能锻炼自己的口才，还能为大家助兴，活跃气氛。大大小小的会议中，勇敢地举起手来锻炼自己，提前写好想说的内容。或许第一次因为紧张只说了几句话，但第二次就敢说几分钟。每一次练习都能为你带来信心与越来越娴熟的技巧，下一次会比这一次更好。

不要再说想练习演讲但是没有机会，只要遇到人，任何地方都能成为你的演讲场地。一个会说话的人，每一句都能说得让人感觉舒服。一个决心提高演讲能力的人，会抓住每个机会训练口才。"不积跬步，无以至千里；不积小流，无以成江海。"在微不足道的场合说好话，时间久了，自然便能勇敢地登上演讲台演讲。

杨柳君是一位女性企业家，如马云与雷军一样，她也需要在各种场合进行演讲。她曾说过："最近开始练习演讲。说话的能力常常被我们以为是与生俱来的，不需要练习，刻意练习也没多大用。这显然是一种误区。"

她认为演讲需要练习，就算是每天只练十几分钟，坚持一个月，就会发生质的改变。她把家里的摄像机放在显眼的地方,每天提醒自己需要练习说话,甚至让摄像机拍下来,自己看完之后再对不足之处加以改进。

如此一来,她的演讲能力越练越好。大家也看到了:有心提高,就每天练习,真的会看到效果。

现在创业的人越来越多,到最后你会发现那些成功的商人都有一个共同点,那就是能说会道。不管他们之前是什么身份,只要选择了创业,就意味着要靠脑子和口才生活。对他们来说,生活处处是演讲。

招兵买马要演讲,到高校宣讲,面对数千人,他们要说服应聘者选择他们;公司缺钱需要融资,他们跟投资人谈融资,需要让投资者相信自己的公司前途无量;公司召开会议,要鼓舞员工的士气,组建一支有凝聚力的队伍……各种场合都需要说话,好的口才能让他们办成许多事情,也让他们的自信心越来越强大。

所以别埋怨没有练习的时间和机会,只要你决心战胜心中对演讲的恐惧,就能找到合适的途径。行动起来,随时随地练习,为各种场合做好准备。时间久了,你会发现,自己说出的每一句话都带着自信。

保持阳光心态：失误、丢脸太正常

当你站在宽广的舞台上，周围全部静了下来，灯光打在你的脸上，此刻你会是什么感觉？有人说："我喜欢这种受关注的感觉，那一刻感觉自己就是宇宙的中心，整个人都在闪闪发光。"可是如果要求你说话呢？要求你来一场演讲呢？许多人都会害怕，都会怯场，这是很常见的现象。

尽管现在许多人追求张扬，标新立异，但大部分人还是保守、谦逊、害怕出错的。所以我们经常能看到，老师提问很少会有人主动起来回答，领导提问很少有人勇敢地站出来解说。大家心里都住着一个叫作"爱面子"的小人，他告诉我们不要随便出风头，万一出现失误，会丢人的。

许多人不敢上台演讲，不正是因为这个吗？登台演讲，说错一句话，就会被成百上千的人听去，万一脸红心跳紧张，更是会被人指指点点。还没上台,就已经自己把自己给吓倒了,勇气这东西,早就不知道跑到哪里去了。

有人说演讲之前,再充分的准备也只是一半的准备,因为你永远无法知道在台上会发生什么,另一半的准备只能在台上完成。也正因为这样,每个人都无法保证自己在台上不犯错。或者是忘词,或者是用错词,甚至是无法控制激动的情绪,都有可能发生。

在这样的前提下,再想想那些失误与丢面子,就变得情有可原了。俗话说:"岂能尽如人意,但求无愧于心。"不在意的东西,就不会对人产生什么影响,当演讲者全心全意做好了准备,说明对这场演讲和听众已经足够尊重了。就算出现失误,也应该学会一笑而过。不涉及原则的东西,太重视了反而会给人带来消极的情绪以及负能量。直面错误,轻松带过,这才是演讲者真正应该拥有的心态。

面对听众,演讲者经常会有受威胁感,出了错误自然就会害怕和逃避。演讲中最可怕的就是场面失控导致演讲无法进行,但这种情况发生的概率非常小。除此之外,其他情形都好说。不要纠结于一个问题,也不要敷衍了事,在演讲出现失误时,勇敢乐观地面对,学会调侃自己的失误,都是解决问题的办法。而跟自己较真,沉浸在自责中,则是不可取的行为。

我们不敢登台演讲,或者演讲一次之后就陷入自责和自卑之中,无非是害怕自己表现不够好。过于追求完美,导致压力过大。其实想想所谓的面子问题,除了自己又有多少人在意呢?大家散场之后马上就会忘了你的失误,只留下你自己苦苦纠结。

切记,保持阳光心态,给自己适当减压,才能做好每一场演讲。

第四讲

起场——
开篇惊撼，三分钟抓住听众的耳朵

好的开始是成功的一半，演讲也是一样。

能否在开头就展示出自己的魅力，抓住听众的心，取决于开篇够不够惊艳。开头开得好，自然是"花香蜂自来"。否则，后面的内容再好也无法起到良好的效果。

说话接地气，拉近与听众的距离

构成演讲的主体有两个：演讲者和接受者。当一个人面对一群人讲话的时候，首先应该明白一件事：这些接收信息的人中，他们虽然有共性，但更多的是个性。来听演讲的人，有男士也有女士，有年轻人也有老者，虽然他们此刻都有一个共同的身份——听众，但是他们来自不同的地方，不光性格各异，经历和思想更是千差万别。

所以能不能顺利地完成一场演讲，开场特别重要。如果一开口就与听众拉开了距离，那么这场演讲的效果就会大打折扣，因为这种时刻，距离无法产生美，反而会产生隔膜。所以，演讲者从一开场就应该做好充分的沟通准备，以不变应万变。想要打开通往听众内心的大门，就要读懂听众的诉求和愿望，与大家打成一片，以自己人的身份沟通，必然会容易许多。

一位演讲者喜欢观察听众，还没上台演讲就做到了对听众有基本的了解。比如，他注意到来的大多是中年男女，那么他便会以中年人关心的话题作为引子，引起大家的兴趣。只见他走到人群中，开始跟大家聊起来："最近有个说法，我不太喜欢。说中年人油腻，男人叫'油腻大叔'，女人叫'油腻大妈'！很让人生气，你们看我这个中年人油腻吗？"听到这里，许多本来拿出手机的听众很自然地就放下了手机，开始观察这个演讲者，思路就开始跟着演讲者走。

这是为什么呢？大家听他说话，本来没有多少参与度，但是听到他开头说的是中年人遇到的被调侃的问题，就产生了好奇心。因为在场的大多数都是中年人，他这么一说，听众感觉这个话题与自己很密切，这种趋同心理促使大家对他产生兴趣，对他说的话也能保持接受和思考的态度。他并没有一上来就讲大道理，而是用一些通俗易懂的话语、接地气的话题，吸引了听众的注意力。此时再往下引出此次演讲的主题，自然就是水到渠成。

一位成功的企业家被邀请回母校演讲，传授成功的经验。当晚，全体学生被老师要求来到大礼堂听演讲。当礼堂安静下来，企业家上了台，看了看台下的学生们，发现了问题。有的学生坐姿标准，眼神期待，而有的学生则是面无表情，毫无兴趣的样子。

不过企业家面带笑容，开始了他的演讲："别看我现在是个大叔，但是往前推二十五年，我跟大家一样也是学生。而且那时候，我跟在座的许多同学一样，讨厌一切形式的说教，能让我佩服的人很少。当然最崇拜的还是那几位大球星!现在我有机会重新回到这里,看到大家,觉得自己真的是个幸运的人。今天不谈什么合同和业绩,就在这里跟大家说说话。这是我的荣幸,不知道你们愿意吗?"

等待他的不是冷场,而是雷声般的掌声,还有一些尖锐的口哨声。在场的老师听到口哨声极为不满,但是这位演讲者却做了一件让师生们都很惊诧的事情:他在台上也跟着大家吹起了口哨!如此一来,学生们丢掉了偏见,也没有人再窃窃私语了,都用期待的眼神看着这位比他们大几十岁,但是与他们没有代沟的成功学长。

这位演讲者是非常聪明的,他知道学生们听惯了大道理,产生了厌烦感。如果一个成年人想要获得他们的注意力,说话就得好玩又好懂,让孩子们感觉他是他们的学长,与他们有相似的经历,也知道他们的痛点。如果是你在场,会不会立马把这位企业家当成自己人呢?自己人说的话,自然是要好好听的。

俗话说,万事开头难。演讲也是一样。同一个主题,如果面对不同的听众,老是用同一个开头肯定是不行的。听众不一样,演讲的效果就会因为简短的开头变得截然不同。如何才能拉近与大家的距离,这就要看你开场说的话是不是足够接地气了,要让不同层次的听众都可以感受到你的诚意。

说话接地气,并不是指讲话方式,而是想象听众可能会有什么样的经历,他们与自己的演讲内容有着什么样的关联,自己如何表达出来，才能让他们觉得有趣而又实用。这就要求演讲者反应迅速，这样才能快速拉近双方之间的距离。反之，官话、套话都是不可取的，原因就在此。试想，演讲的人在台上，一张口就是："今天给大家讲一下宇宙黑洞。学习过天文知识的人都知道……"但台下坐着的是什么人？小学生！可想而知，这样的演讲势必不会取得太好的效果。

其实演讲并不难，难的是处理好自己与听众的关系。许多人认为听众没什么了不起的，就是坐在那里听自己演讲。这是非常错误的想法。虽然听众一般不会说什么话，但他们不仅仅是信息的接受者，更重要的身份是反馈者。听众反馈好，演讲者便能感受到配合与支持；而反馈不好，演讲者就会出现消极的情绪。消极情绪会干扰演讲者的正常发挥。如果听众表现出一种敌对的状态，演讲的效果更是会大打折扣。

注意语调，让听众从声音中就能听出重点

小时候听过妈妈讲故事的人都知道，其实故事并不一定那么有趣，而我们喜欢听是因为妈妈的声音好听：时而高，时而低，时而温柔，时而坚定。其实这和演讲要注重语调是一个道理。相声中有四门基本功，叫作"说、学、逗、唱"，而演讲中的语调也有四个要求：抑、扬、顿、挫。

试想：一个人在台上，在做一场内容非常棒的演讲，但是他的演讲却让大家完全找不到重点，有些听众甚至昏昏欲睡。是什么导致这种情况的出现呢？就是演讲者对语调控制不到位。

有一位经验丰富的数学老师，教学方法非常棒，总是能找到难题的突破点，化难为易，化繁为简，因此他在教育界非常有名。大家都觉得，以他的学识与教学方法，学生的成绩肯定要比其他班的好。但奇怪的是，每次考试成绩出来后，他带的班级的学生成绩也

就是一般的水平。

一次两次可以理解，但是一直都是这种状况，校长觉得有些奇怪：这"镇校之宝"在我手里怎么不发光呢？问问其他老师，他们却都说这很正常，那位老师以前带的班也都是这个水平。这就很奇怪了，按说以他的教学方法以及学识，"学渣"也能变"学霸"啊！

为了解开心中的疑惑，校长决定去听听这位老师的课，也没有提前告诉这位老师。当天他在教室最后一排坐了下来，老师来了后看见校长也没有紧张，两个人就互相点了个头而已。

铃声一响，只见这位老师不急不慢地打开课本，开始讲课了。听了不到十分钟，校长就有些坐不住了，原来这位老师讲课时声音毫无起伏。再看看教室里的学生，本来都挺精神的孩子，此刻有些人却打起了盹；同桌偶尔提醒一下，继续强打着精神听课；可听着听着，又开始想睡了，看起来十分痛苦。

校长此刻明白了：不是老师的教学方法不适合学生，也不是孩子们不好好学，而是这位老师的声音没有任何刺激性，听起来完全没有重点，太像催眠曲了。学生们听着课，本来不想睡的都要快睡着了，也实在是这位老师的"本事"。

其实一堂课听下来，强忍着走神和瞌睡，校长还是觉得这位老师的教学方法有一套，纯粹就是语调的问题。这位老师自己明白重点在哪里，但是从他的声音中却听不出来，学生又猜不到他的心思，所以就造成了这样的局面。

后来，校长找这位老师聊了聊，原来老师也知道问题在哪，只是觉得不容易改。经过商议，校长找一位语文老师帮他了解了说话语调的知识，这才让他讲课时有所改变，学生们的成绩自然也就上来了。上课其实也是演讲的一种形式，只不过知识更专业、单一而已。这位老师不懂说话抑扬顿挫的重要性，尽管学识渊博，却无法将知识传递给他的学生。所以注意语调，才能让内容更有吸引力，让听众找到你的演讲重点。

一场好的演讲，内容是主要的，但同时要借助语言这个载体来表达。平铺直叙的语调，会让听众在听的时候没有收获。一场内容优质的演讲，如果因为演讲者的语调没有任何变化，而让听众没有收获，岂不是耽误了双方的时间与精力。而演讲者精心准备的内容没有得到认可，更是会打击到他的积极性。

所以在演讲的过程中，如果演讲者语调有快有慢，有轻有重，那么引导听众找到重点就会变得轻而易举。说的人激情饱满，听的人受益良多，这才能让演讲发挥出它最大的作用。我们说的抑扬顿挫，其实很简单，分为平直调、高升调、曲折调和降抑调，把握好了这几个调子，就能完美呈现出演讲的内容。语速不能过快，也不能过慢。某些词句非常重要，那就突出地说，而陪衬型的词句，就完全可以说得轻描淡写一些。

幽默的自我介绍，可以先声夺人

每个人都会进入社交场合，不管是职场、会议、谈判等正式的公开场合，还是聚会、闲聊等非正式的私下交往。只要你与人谈话，结交更多的朋友，就必须进行自我介绍。

简单的自我介绍，是有效交流的开始。如果我们在自我介绍时说好了第一句话，那么就可以瞬间拉近与他人之间的距离，促使交流顺利地进行。如何实现这一点呢？答案就是幽默一把。

幽默的自我介绍是最能打动人心的，也是人们常用的介绍方式。这是因为幽默的话语具有神奇的气场，可以瞬间产生巨大的吸引力。如果你的开场白够幽默诙谐，那么就可以让大家会心一笑，使现场气氛变得轻松愉快，而且还可以让别人一下子记住你，以及你的风趣幽默。

俗话说"家丑不可外扬"。人人都喜欢被赞美，不喜欢被嘲讽。

可是在幽默的领域里，适当的自嘲却是一种沟通的好方法，它不仅可以展现出你的个人魅力和亲和力，还可以把别人的注意力吸引过来，把别人带入你的幽默世界中去，从而让别人更容易接受你，并且建立良好的谈话关系。

有一句话是"不论你想笑别人怎样，请先笑你自己"，这不无道理。因为在人际交往中，当我们和别人有心理隔阂、彼此并不了解的时候，幽默一旦掌握不好分寸，就可能会引起对方的不愉快，甚至得罪人。适当的自嘲是最保险的方法，这样的调侃方法既不会伤害到别人，也不会讨人嫌。

胡适是我国著名的文学家。他在一次演讲时，就是用幽默的自嘲来介绍自己的。一上台，他就说："我今天不是向现场的听众做报告的，我是来'胡说'的，因为我本来就姓胡。"话音刚落，听众就哈哈大笑起来。

胡适的自嘲既巧妙地介绍了自己，又体现了他谦虚低调的品性，而这幽默的话语更是活跃了现场气氛，使得听众和胡适更加亲近。

自我介绍看似很简单，实际上学问很大。常规的自我介绍都是：我是谁，来自哪里，多大年龄，现在在哪工作……这样的自我介绍有错吗？一点儿毛病都没有。可是谁喜欢听呢？如果在相亲的时候这样介绍自己，恐怕很难引起对方的兴趣。

总之，在人际交往中，自嘲虽然是拿自己开刀，但往往能让你赢得别人的喜欢和尊敬，使听众感受到你的幽默以及人情味，为你的幽默、智慧和风度而折服。听众会从"我喜欢你"到"我了解你"，进而到"我相信你"。当别人信任你时，你便能影响到他们，在之后的谈话和交流中占据主导地位。

当然，我们还需要注意一个问题，那就是在不同的地点和不同的时间，所采取的自我介绍也应该有所不同。幽默的自我介绍虽然效果很好，但却不适合庄重、悲伤的场合，否则只会适得其反。

学会做一个精彩的自我介绍，能让演讲从"赢"开始，从而达到一鸣惊人的效果。有了精彩的开头，还怕后面听众不跟着你的思路走吗？

表达尊重，听众是你的支持者

演讲者与听众之间是平等的，说的人并不比听的人高一等，这是所有演讲者在演讲之前都应该树立的正确观念。演讲的人不管是主动还是被动的，只要是准备分享出自己的思想，就应该尊重那个听你说话的人。别以为听众听不出你的情绪来，真诚还是敷衍，他们从你说的第一句话中就能感觉出来。

我们常说"衣食父母"这四个字，对于演讲者来说，听众也可以说是我们的衣食父母。带着这种尊重的心理，赢得听众的支持，这才是一个演讲者应该有的素养。

许多演讲者都遇到过这种情况：明明演讲的时间到了，自己也做好了准备，但是大厅里却闹哄哄的，听众各聊各的，很明显他们还没有做好准备。许多不专业的演讲者一看到这种场面，马上就失去了耐心，板着脸走上台，利用麦克风的优势，说出了类似训斥的话语:"好了,大家都不要说话了,时间到了,我们开始今天的内容。"

此时听众的心里肯定是不舒畅的,认为演讲的人一点儿不尊重人。接下来,肯定不会有人捧场了。得不到大家支持的演讲者,注定了演讲会失败。

而对听众心存敬畏的演讲者,则有自己的一套方法。比如有一位演讲者见多了这种场面,明白听众并不是不想听,而是没做好准备。他会在演讲开始前的四五分钟播放自己做的PPT,里面有音乐的链接或者视频的链接。开始播放后,许多人都停下了自己的小动作,等到PPT播放完,自然就进入了主题。这可比训斥性的话语强多了。

这种区别并不在于有没有演讲经验,而在于演讲者将听众放在心中什么位置。把他们当成笨蛋、傻瓜,缺乏尊重,就会持一副傲慢的态度,居高临下地面对听众;而把听众当成朋友,相互探讨、交流,让自己的演讲内容服务于听众,这样才能得到听众的反馈与支持。把别人当作傻瓜,自己也做不出多么聪明的事情。

欧阳自远是中科院院士。他有一项工作很伟大,就是每年都要做科普报告,实际上就是做科学方面的演讲。他的演讲内容与地质研究、天体化学、月球探测等知识有关,这听起来就比较深奥。但是他说过一句话:"如果听众没听懂,或者觉得没意思,那一定是讲话人的问题。"换句话说,他说的东西如果听众听不懂,他不觉得是对方比较傻或者理解力差,而是自己的解说方法不对。这就是对听众尊重的态度。

在演讲的过程中，欧阳院士还遇到过许多质疑，因为科普的对象是大众，理解能力参差不齐。所以在欧阳院士讲授的时候，现场经常会出现很多质疑的声音："为什么去月球而不去其他星球？""这样的运行原理不对吧？"如果是换了其他不尊重听众的演讲者，听到这种言论，恐怕早就恼怒了。但是欧阳院士不一样，他觉得这是一种交流："这不是在挑我的刺儿，要平心静气地沟通与交流。"一句话，就看出他的风度与胸怀，"尊重"二字不是说说就算了的，而是发自内心地尊重对方。

做科普演讲不容易，但是欧阳院士说："首先要调整好心态，这种态度不是居高临下地讲解知识，而是和朋友平等交谈，和大家交流理解和认识。宣讲式的科普是失败的，只传播知识的科普是低层次的，做到彼此思想交流才是最好的，蕴含科学精神和思想方法，融合人文精神。"思想交流才是最高级的演讲，而前提就是像欧阳院士所说，大家一定要调整好心态，学会尊重听众。

许多有名的演讲家在上台之后做的第一件事情就是鞠躬。向谁鞠躬？当然是坐在台下的听众。这是表达尊重，也是一种礼貌。一个动作做完，通常听众都会报以热烈的掌声。这又是什么意思呢？通俗地说，这就是捧场。有人说尊重听众有什么用呢？现在我们来看看下面这两个人的故事。

国外有两个很有名气的演讲家。其中一个上台前热情洋溢，颇为激动，上台之后首先向大家鞠躬问好，礼仪到位，让人感觉很舒服。而另一个则是冷若冰霜、不苟言笑，上台之后也没有什么互动环节，直接开始自己的演讲，让听众感觉他自大、没礼貌。

久而久之，这两人的名气差距越来越大。那位把听众视若贵宾的演讲者名声好、人气高。而另一个呢？因为听众的评价对他不好，他的演讲越来越不受欢迎了。而他却一直没有改变自己的态度与做法，至今仍认为听众什么都不懂，不值得尊重。抱着这种想法，怎么可能获得成功呢？

听众的支持对演讲者来说就是动力，没有人支持的演讲又有什么意义呢？只有演讲者与听众一条心，演讲者不以"上位者"自居，才能共同完成一场有思想交流的演讲。而开口说话的是演讲的人，他的态度决定着听众的态度。

悬念开场：一句话调动全场氛围

每个人都有强烈的好奇心，对自己不了解的事物大都充满了探索的欲望。好奇心是人类的天性，也是所有人行为动机中极其强烈、有力的一种。

其实，在谈话过程中，我们完全可以利用这种普遍的好奇心。因为在与人谈话的过程中，如果对方对你的话语感到好奇，想要进一步交谈下去，那么你就已经成功了一半；相反，如果他们对你的话一点儿也不好奇，那么即便你再舌灿莲花，也没有任何意义。

换句话说，我们想要打动他人的心，并且促使谈话顺畅地进行下去，那么就必须抓住对方的好奇心理，第一句话就要激发对方的好奇心。只要能够把对方的兴趣勾起来，那么之后的谈话就会变得顺畅。

事实上，很多善于谈话的人和高超的演讲者都是这方面的高手。

他们能够很好地利用好奇心,或是设置悬念,或是向对方提出悬念性的问题调动氛围。

王教授是某大学的一位讲师。虽然他所教授的课不是必修课,却受到了众多学生的欢迎和追捧。每学期开始的时候,学生们都会抢着报他的选修课,即便是没有报上的同学也会积极前去听课。为什么王教授这么受人欢迎呢?就是因为他讲课的方式和其他讲师的不一样,他一开口就可以激起学生们的兴趣,让他们兴致勃勃地听课。

为了形象地说明,我们以一次王教授的授课情形为例。

那天,王教授一站到讲台上,就笑着问道:"同学们,我现在问大家一个问题,请大家仔细地思考一下。男生和女生回到宿舍的时候,找钥匙开门的动作有什么区别吗?"

听了王教授的话,台下的同学一下就议论开了。片刻之后,同学们讨论出了结果:"男生开门的时候一般干净利落,因为手里没有什么东西;而女生就不一样了,她们通常会摸索半天。"

等学生们发完言之后,王教授笑着说:"同学们的发言有几分道理,可是你们却忽视了一点。你们知道是什么吗?"说完,他看着台下的同学,而大部分同学则迷惑地摇摇头。

之后,王教授继续说:"据我观察,大部分女生在上楼梯的时候,就开始找钥匙,有的在口袋中掏来掏去,有的则在书包中来回摸索。等到她们走到宿舍门口的时候,钥匙已经找到,然后她们干净利索地把门打开了。而男生呢?绝大部分男生都是急匆匆地走到宿舍门口,'砰'地推一下门,发现推不开之后才想到找钥匙。在宿舍门口,他们翻翻书包,又摸摸裤子口袋,之后又摸上衣口袋,把口袋摸遍了之后才能找到钥匙。可是,他们却拿出了一大串钥匙,一个个试过之后才终于打开了门。"

王教授说完之后,学生们都哈哈大笑起来,有的同学还不住地点头,因为他的描述实在是太形象、太真实了。

见自己的话起到了效果,王教授这才说出了本堂课的重点。他说:"今天我们所讲的内容是如何进行细节描写。想要把细节描写得真实而又生动,我们就要仔细地观察生活中的点滴。刚才我所说的男女生回宿舍开门的情形就是对细节的描写。为什么我的话得到了大家的赞同呢?就是因为平时我仔细观察了大家的习惯……"

可以说,王教授不仅是一位好老师,更是一位善于谈话的高手。他利用了一个有趣的问题,激起了学生们的好奇心。然后王教授和学生们一起来探索这个问题的答案,等到得到答案之后,再抛出讲课要点。如此一来,怎么能不吸引学生们的注意力呢?

如果王教授一开始不是抛出问题,而是直接说:"今天,我们讲细节描写,这需要我们仔细地观察生活……"恐怕这样枯燥、无聊的方式,会让学生们昏昏欲睡吧!

可见一开始就设置悬念、提出问题是非常有必要的。这样一来,我们的话才能激起听众的好奇心，并且让他们对我们之后的话感兴趣。而如果这种兴趣和好奇心能够逐步加强的话，我们谈话的效果就会更好。

美国有一位反对奴隶制的女人叫作特鲁斯，她在当地非常有名。有一次，她不请自来，参加了一个关于女权的活动。当时的反对者都害怕她，不想让她说话。但是她身材魁伟，声音高亢，自顾自地开始了演讲。她在演讲中说："到处都在争吵，都在讨论权利，我们这样不停地争辩，到底在争辩什么呢？"这个问题一抛出，现场的所有人都陷入了思考，静静地等待着特鲁斯的下一句话。

特鲁斯不是名门出身，学识也没那么渊博，但是她在不经意间就吸引了听众的注意力。是什么让她的话语这么有吸引力？就是她的那个问题：大家吵来吵去，到底在争辩什么呢？所以听到这个问题，大家自然会随之思考。就在大家思考的时候，特鲁斯已经准备好了接下来的引导内容。

她说："有人说女人上车、走路都要男人搀扶，但是我从来没这样过，难道说我不是女人？""地里的活儿我也能干，我不是女人？"一系列的发问，而且全部以自己为例子，这种发问足够有力度，引人深思。

可以看出，悬念就像是一个开瓶器，能够将挡在演讲者和听众之间的塞子拔出去，促使双方的交流顺畅而又自然。

不过，需要注意的是，不管你的开场多么有趣，也不可过分留恋，而是应该尽快切入主题。如果你只想着设置悬念，吊起对方的好奇心，却不及时地予以解答，那么时间长了，对方的兴趣就会逐渐消失，甚至产生反感。

第五讲

磁场——
别具匠心，赋予演讲强大的吸引力

人与人之间，为什么会出现友情，产生爱情呢？因为彼此间有了吸引力。对演讲者来说，如果能让演讲对听众产生强大的吸引力，那么演讲就非常成功了。

演讲时如何才能产生强大的吸引力呢？想想看，我们的语言生动吗？感情真挚吗？理清楚这些问题，答案自然就出现了。

真诚，最能扣人心弦

日本丰田汽车公司的创始人丰田喜一郎曾说过这样一段话："在这个世界上，什么样的言语最能拨动他人的心弦？有人说是思维敏捷、逻辑严密的雄辩，有人说是声情并茂、慷慨激昂的陈词……但是，这些都是表面的形式。我认为在任何时间、地点，和任何人沟通，始终起作用的因素只有一个，那就是真诚。"

相信大家对于丰田喜一郎的话都有各自的感悟。对于我们每一个人而言，"真诚"这两个字的意义包括坦诚、公正、和善等。每个人，无论地位高低、生活贫富，只要能够在与人沟通的过程中始终保持真诚，就会打破彼此之间的隔膜，相处也更加和谐。

那些善于在言谈中表达真诚的人，内心往往都是非常细腻的。他们能够在需要的时候设身处地地站在他人的立场思考问题。这样的人不会以自我为中心，他们会坦诚地将自己内心的想法传达给对方，也渴望得到他人的真诚相待。

当美国前总统尼克松还是议员时，在他参加总统竞选的关键时期，媒体上出现了他私下大肆贿赂参议院议员的消息。正所谓"好事不出门，坏事传千里"，这个负面消息以惊人的速度顷刻间传遍美国。一时间，原本支持他的人开始对他丧失信心，而一些本就不支持他的人更是趁机大肆攻击。

在当时，许多资深评论员都认为尼克松这下子估计无法翻身了，因为此事已经激起了民愤，而舆论的力量是可怕的。在这个关键的时刻，尼克松做出了一个让所有人都没有料到的选择：进行演讲。

很多人都认为尼克松的选择是错误的，因为他选择与愤怒的民众辩论，在这个风口浪尖之上，说服民众的概率几乎为零。

然而尼克松带给所有人一个意外。他在整个演讲过程中，完全没有用犀利的语言抨击谣言的制造者，更没有用华美的辞藻向民众解释他没有受贿，而是选择了用真诚的话语敲开民众对他封闭的心。尼克松详细地公开了自己的所有财产，其中有固定资产、银行存款、股票、债券，还有一些债务。同时，尼克松还将自己被谣传贿选这段时间内的所有花销公布出来，详细到了每一美分。

尼克松真诚而又平静的话语让收听或收看演讲的民众陷入了感动当中。当他结束这次讲话时，在美国的大街小巷，到处都能听到民众给予他的雷鸣般的掌声。

在当时，民众被尼克松的真诚演讲感动了，几乎所有人都认为美国需要这样一位好总统。在演讲结束后很短的时间内，就有超过一百万人通过电话和寄信的方式支持尼克松。原先的支持者回来了，原先不支持的人也转而支持他了。最终，尼克松不仅澄清了自己贿选的谣言，还得到了超过原先一倍的支持率。

尼克松用真诚的话语击败了谣言，打开了无数民众的心门，这就是真诚的魅力——不用多么华丽的辞藻，不用多么震撼的誓言。

其实，在我们日常的人际交往中，真诚同样有着神奇的亲和力，它会让你身边的人情不自禁地产生与你交往的强烈愿望。一旦他们认为你足够真诚，就会无条件地接纳你，无微不至地关怀你，把你当作他们的知心朋友，那么你将更容易获得成功。

无论是在生活中还是在工作中，我们都要记住这个原则。当我们与他人沟通交流的时候，要秉持真诚、友善的态度。常言道：态度决定一切。要掌握对方真正的想法，态度尤为重要。只有你态度真诚、热情、友善，别人才会视你为知己，也才会把真实的想法告诉你。否则，别人就会防范你，对你避而远之。他们也许会用借口搪塞你，或为了达到某些目的而不愿言明。遭遇这种困境的你必然会发现：一个原本非常简单的问题，可能处理起来非常棘手，若是解决不好，就会给彼此之间的交往带来影响。

因此，即便是最简单的沟通，我们也要以真诚为基础，从"心"

出发，这样才能让对方感受到你的真心实意，对方才会以真诚回馈你。如果你不是将真诚当作与人沟通的前提，那么即便你花费再多的心思和金钱，也不可能换来别人的真心相待，只能被他人排斥。

总而言之，真诚是人类重要的美德，也是人与人沟通与交流的基本原则。它是基础，也是关键。天赋、才能、眼光、魄力，这一切必须加上真诚这个前提，才能成为伟大。真诚是一切伟大的共同特征，它源自对人性的信仰，并由此产生一种面对自己、面对他人的诚实以及坦然。

复杂的话简单说

有一次,美国著名作家马克·吐温在教堂听一位牧师演讲。

最初,马克·吐温觉得牧师讲得很好,准备捐一笔巨款。

过了十分钟,牧师还没有讲完,马克·吐温就有些不耐烦了,决定只捐一些零钱。

又过了十分钟,牧师还没有讲完,于是马克·吐温决定一分钱也不捐了。

等到牧师终于结束了冗长的演讲,开始募捐时,马克·吐温由于气愤,不仅未捐钱,还从募捐盘里拿走了两美元。

被问及原因时,马克·吐温回答:"原本几句简单的话,他却说得冗长晦涩,浪费了我这么多时间,这可不是两美元就能抵消的。"

与人谈话时,我们总能看到一些人滔滔不绝。他们会从头说到尾,别人想要说两句,都没有机会。如此长篇大论,往往是说话者越说越起劲,听的人是越听越反感。为什么会反感?听者因为一直在听,缺少时间去思考、分析以及整理,就容易造成越听越乱、越听越烦的状态。

想要打动对方,靠的是具有实际意义的内容,而不是冗长的篇幅。会谈话的人说起话来不是天花乱坠、喋喋不休的,而是语言简明扼要、清晰明确的。会谈话的人很有时间感,他们往往少言、慎言,每个字都能做到掷地有声。

1948年,英国牛津大学举办了一次主题为"成功的秘诀"的讲座,特意邀请名满天下的丘吉尔来为大学生演讲。这是轰动性新闻,各大媒体竞相报道,各界人士也翘首关注,牛津大学还设立了演讲日倒计时,可见人们都想听听这位出色的政治家、外交家对"成功的秘诀"的真知灼见。

演讲日终于到来了,会场人山人海,牛津大学的学生们都提前来到了会场,全世界各大新闻台的记者也来了许多。在大家的期盼之中,丘吉尔迈着坚定的步伐走上了演讲台,台下的听众们情不自禁地鼓起了热烈的掌声。丘吉尔用手势止住如雷的掌声,缓缓说道:"我的成功秘诀只有三个:第一,决不放弃;第二,决不、决不放弃;第三,决不、决不、决不放弃!我的演讲结束了,谢谢!"说完,丘吉尔就走下了演讲台。

台下沉默了足有一分钟,忽然雷鸣般的掌声响起来了,经久不息。做任何事情，只要不放弃，终有成功的那一天。如此道理，何须冗言赘述！丘吉尔的这次演讲，虽然时间短暂，却堪称世纪经典，是极成功、极有影响力的一次演讲。

"决不放弃""决不、决不放弃""决不、决不、决不放弃"，这少而又少的十几个字，却体现了演讲的魅力和力量，也体现了人性的魅力和力量。

我们再来看两句话：

"王瞬这个人做事的时候，总是不能掂量自己的本事，爱做一些力不能及的事情，这是行不通的。"

"王瞬这个人做事的时候，总是不自量力。"

显然，第二句比第一句更精练、更具总结性，而且更加掷地有声。

俗话说："蛤蟆从晚叫到天亮，引起人们反感；公鸡清晨只啼一声，人们就起身干活。"这就是话贵在精，多说无益的表现。所以，与他人谈话，滔滔不绝不是什么好方法，最有效的方法就是语言简明，越精简越好。

显然，语言表达上的"简明"包括"简"和"明"两个方面："简"即"简练"，就是话语力求简练，不要说多余的、重复的话；"明"即"明晰"，就是要把意思表达清楚，使对方能准确理解其含义。语言简明，能让别人在最短时间内明白谈话者的意图，并感受到谈话者高效的表达方式。

那么，在谈话中如何做到简明呢？

必须整理清楚你的思绪。从沟通的角度来说，语言是用来表达思维的，说话习惯一定程度上反映了个人的思维状况。如果一个人说起话来长篇大论，这就说明他也不清楚自己想说什么。也就是说，喜欢高谈阔论的人，大都条理不清晰，思绪没有重点。

因此，想要在谈话中取得好的效果，必须事先整理你的思绪，分析自己为什么要说这番话，观点和重点是什么，尽可能简化，将想要表达的内容浓缩成几句话，最好在十分钟内结束一个话题。正因为有时间限制，你会逼迫自己做出最精炼、最透彻的分析，听的人也能迅速了解核心内容，加快解决事情的进程。

释放热忱，将听众的热情释放出来

做演讲不是单向的活动，听众的反馈与互动才是演讲者需要关注的重点。精彩的演讲，也许是普及，也许是说服，总之是要唤起听众内心的渴求。只有做到激发听众的热情，释放听众的能量，才能点燃听众的情绪，完成一场气氛饱满的演讲。

这种形式的演讲其实并不少见，尤其是战争时期，领导者经常要发表演讲，激励将士。

秦末，秦二世残暴，陈胜、吴广等人本来是作为雇工为别人干活的，后来又被编入去驻守渔阳的队伍里。恰巧天降大雨，道路不通，延误了日期。延期到达会被处死，于是众人商量着起义。在一番谋划之后，陈胜召集众人，鼓动大家："下雨耽误了大家的行程，但是朝廷不会管这些，所以大家只有死路一条。就算到了渔阳，戍守边疆同样也是凶多吉少。不如主动出击，难道他们名门贵族都是天生的贵种吗？"这就是有名的"王侯将相宁有种乎"。在场的人一听，不禁热血沸腾，纷纷表示愿誓死追随。

拿权贵的血统跟平民的血统相比，提出质疑：有谁是天生高贵的呢？大家都是人，奈何命运天壤之别。陈胜一番话，让大家激情澎湃，发誓跟随他追求新生活。

演讲者在介绍情形的时候，要充分考虑听众的处境，把自己的想法与听众的处境结合起来，分析其中利弊，重点加入自己的感情。如此一来，听众自然就会感同身受，不仅不会产生对抗的想法，还会强烈认同。

大家都知道马丁·路德·金的著名演讲《我有一个梦想》。其中有这么一段，让人十分难忘。

我梦想有一天，这个国家会站立起来，真正实现其信条的真谛："我们认为真理是不言而喻的——人人生而平等。"

我梦想有一天，在佐治亚的红山上，昔日奴隶的儿子将能够和昔日奴隶主的儿子坐在一起，共叙兄弟情谊。

我梦想有一天，甚至连密西西比州这个正义匿迹，压迫成风的地方，也将变成自由和正义的绿洲。

我梦想有一天，我的四个孩子将在一个不是以他们的肤色，而是以他们的品格优劣来评价他们的国度里生活。

今天，我有一个梦想。

我梦想有一天，亚拉巴马州能够有所转变，尽管该州州长现在仍然满口异议，反对联邦法令，但有朝一日，那里的黑人男孩和女孩将能与白人男孩和女孩情同骨肉，携手并进。

今天，我有一个梦想。

我梦想有一天，幽谷上升，高山下降，坎坷曲折之路成坦途，圣光披露，满照人间。

那天在场的几乎全是受压迫的人，这还是他一个人的梦想吗？当然不是，他是一个黑人，他所受的不公平待遇其他人也在承受，他所期望的也正是在场的黑人所期望的。所以，这一段激情昂扬的宣言，让在场的人激动不已。马丁·路德·金说出了大家的心声。可以想象，在场的人不管是鼓掌还是拭泪，不管是握紧拳头还是瞪大双目，情绪都释放了出来，而演讲人也得到了他想要的效果。

懂得点燃听众情绪的演讲者，首先自己的情绪要饱满。演讲的技巧固然重要，但是内心的热忱更是听众想要感受的。

大学生演讲比赛中，真正的赢家并不是那些擅长表现自己演讲能力的人，而是那些能够用自己的演讲打动听众的人。让听众的情绪跟随演讲者走，在演讲高潮，促使他们的情绪宣泄出来，这才是胜利者。不管是让听众沉默，还是让观众爆笑，甚至是流泪，打动人心的目的在哪里？要知道，热情和热忱才是制胜的关键。

抒发情感，让听众不再平静

但凡是人，都有七情六欲。听众们可能来自四面八方，年龄不一，但是有一点可以确定：他们都富有感情，内心都有柔软的地方。如果在演讲过程中，演讲者抒发自己的感情，引导听众感同身受，震撼他们的心灵，让他们本来平静的心生起波澜，那么这场演讲必然会成功。

有一位劳模做报告的时候，讲了这么一段话："我的师傅带我入行，我是他的第二十一个徒弟。每个人都在他手底下学到了真本事，能够养家糊口。我们感谢他，想买点儿东西回敬他，他却什么都不收。他说，教你们本事是我应该做的，你们就跟我的孩子一样，自己过得好就好。他直到去世前，也没给厂子和领导提任何过分的要求。他就这么认真而又辛勤地工作了一辈子。"

听到这话，现场的听众都仿佛看到了那位朴实的老师傅，静静地感受着那份感人的师徒情。

"所以,我从师父那里学到了许多东西:与人为善是第一,少给组织找麻烦,多为厂子做贡献,踏实做人,认真做事。人这辈子做到问心无愧,就值了!"

有的听众原本觉得在工作中受到了不公平的待遇,怀疑自己努力工作到底值不值得,领导是不是能看得见。但听完劳模的朴实描述,他们都不再平静了,他们从中听出了问心无愧的踏实感。

演讲的辞藻有华丽也有朴实,就如同每个人的感情,有的被深深掩盖起来,有的则会难以抑制。而演讲者要做的就是揭开蒙在听众心灵上的纱布,拂去上面的灰尘,还他们一份真实情感。

解海龙是一名慈善家,他拍摄的《大眼睛》纪实系列照片,成为希望工程的标志。他经常到全国各地演讲,一方面呼吁社会各界人士关注希望工程,贡献力量;另一方面唤起人们的同情心与爱心,也不失为一种情商教育。

有一次他被邀请到北京的一所学校去演讲,演讲对象是一群孩子。大家都知道,孩子们聚在一起的时候,很容易情绪高亢,就像一只只小麻雀。解海龙看到这乱糟糟的场面,并没有生气,他喊了几声"安静",不过并没有效果;老师也帮忙整顿纪律,但是作用不大。

解海龙想了想,让一个老师把电闸关了,突如其来的黑暗让孩子们适应不过来。这时候解海龙打开了自己的PPT,那是一张孩子的照片。他问孩子们家里有没有相机，会不会拍照？会拍下那个眼睛大大的孩子的照片吗？有人说"会"，有人只听不答。

他见孩子们对这些失学儿童的照片很感兴趣，就一张接着一张地放，一边放一边讲故事。讲述每一个孩子上不起学的原因，以及家里遭遇的困难，尽管他们很想上学，很想去学校。在讲述的过程中，孩子们都安静下来了，盯着照片看。这些孩子们没有经历过这样的事情，也没有想过居然有跟他们同样年纪的小朋友还上不起学。

慢慢地，有些孩子开始抽泣，产生了难过和同情的情绪。

此时解海龙的演讲可以说是成功了，孩子们的内心不再是平静的，纷纷开始关注这些失学儿童，他成功地调动起了听众的情绪。这种气氛营造出来之后，演讲人与听者之间的情绪达成了一致，双方都抒发了自己的情感。

可见，抒发情感是一种非常有效果的营造演讲气氛的方式，我们在今后的演讲中要多多尝试。

尽可能多说"我们"

心理学家发现,在不同的团队合作中,团队的整体风格都是随着领导的风格而变化的。有的领导较为专制;而有的领导则会尽量照顾团队成员的情绪,大都会通过民主决策来做决定。不同风格的领导带出来的员工,其凝聚力和气质也是不一样的。很明显,民主型的领导让员工更有归属感。同时,这两种领导在语言上也能看出区别。专制型的领导喜欢在开会的时候说"我如何如何";同样的主题在另一种领导的主持下,大家听到的最多的话是"我们如何如何"。

很明显,"我们"这个词是有温度的,比起"我"来更能表现出演讲者的亲近心态。听众接收到演讲者的"求和"心态,必然会报以接纳的态度。所以在演讲中尽可能多地说"我们",更能激起听众的团结之心。团结的人聚在一起,就能够获得"一加一大于二"的效果。对演讲者来说,传递信息的效果必然会十分出色。

从前,有两个年轻人出去旅游,因为走得太远,两个人迷了路。时间慢慢过去,他们的水和食物都没有了,马上要面临死亡的威胁。

就在这时候,一个精神矍铄的老爷爷出现了。只见他背着东西,缓缓前行。两个人如同看到了活菩萨,求老人搭救他们俩。老人很淡定,告诉他们:"我手里有两样东西,你们自己选择。这里距离有人烟的地方至少需要走八天,如何走出去要靠你们自己。"他一手拿出一袋面包,一手拿出一根鱼竿,告诉两人随便选。

其中一个年轻人看到食物,马上抢过来抱在怀里,说"我要面包,我要往回走"。而另外一个只好选择鱼竿,他要向前走,走到一个可以钓鱼的地方。老人消失了,剩下的两人朝相反的方向走远。

没多久,拿面包的那位就吃完了面包,饿死在了路上;而拿鱼竿的那个,发现鱼池后没有力气钓鱼,也死掉了。

许多年后,又有两个年轻人遭遇了同样的困境。那个老爷爷再次出现,还是给出那两个选择。不一样的是,这次的两个人没有单独行动,而是认真商量,一起合作走了出去。既拿了面包,也拿了鱼竿,两人携手并肩,相互搀扶,遇到有鱼的地方就钓鱼,没有鱼的地方就吃面包。就这样,他们俩最终走出了困境,回到了家乡。

其实老人从头到尾都没有说让两人分开,至于要不要合作,要不要成为一个团队,全看他们自己选择。聪明的人,会选择合作,因为这样更容易达到目的。

演讲也是一样，说话强调"我们"，传递给听众集体意识。在儿童时代，不少人都是以自我为中心的，拿着玩具出去都会警惕别的小朋友过来抢。但是入学之后，老师说得最多的便是集体主义和团结精神，教育我们从自我中走出，融入集体。

这样做的好处是，能够产生凝聚力，获得他人的好感与支持。在演讲中，如何靠语言表达出演讲者的团结意识？多说"我们"就可以做到。独立的自我意识是必要的，但是在公共场合，想要赢得响应和支持，就必须弱化自己的个性，寻找与他人的共性，这样才能让他人对你产生好感。

会说话的领导登台演讲，经常会这么说："在大家的努力之下，今年的成绩不错。领导给予我们支持，同事给予我们帮助，大家齐心协力，把我们的事业做得更好。感谢在座的每一个人！"把功劳归于大家，即便大家知道这是谦逊和客气的说法，但听起来却格外舒服。表明这个人心中有大家。

"我"与"我们"的最大区别，就是一个强调自我，一个强调集体。演讲把大家召集在一起，为的是在这暂时的小团体中寻求好的交流效果。此时多说几个"我们"，既会让大家感到高兴，也会激发出"我们"的凝聚力。

当然，多说几个"我们"，并不是严禁"我"的出现。在友好的基础上拉近与听众之间的距离的时候，完全可以大大方方地说出"我"的意见。这样的交流就是由浅及深，以听众的心理适应为基础，做好演讲这件事。

老调照样能新弹

经典之所以是经典，就是因为其内容值得传承，其价值并不会随着时间的流逝而改变。所以，人们都知道，经典的东西往往有其价值，并不是一切新出现的东西都是好的。但是在演讲中，大家会遇到一个问题：明明内容不错，只不过大部分演讲者采取的形式大同小异，容易引起听众的反感。这个时候，该怎么办呢？是追求新鲜的东西，抛弃明明很好的内容，还是寻求"老酒换新瓶"的重新包装？

这就是我们要说的老调新弹的意义所在。创新是事物发展的动力，老调子固然是大家都熟悉的东西，但正因为有价值，才备受演讲者推崇。可听众是有求知欲望的，并且渴求新鲜的观点和知识。这时候演讲者不必为了这个问题而苦恼，只需要换个新的表达方式或者新的词语，就能满足听众对新鲜事物的追求。

李嘉诚曾经在汕头大学的毕业典礼上做过一个演讲。他在演讲中说道："愚人只知道'为'，智者有愿力，把'为'变'成为'。'愿力一族'如何修炼？如何处世？如何存在？"此演讲一结束，许多人都觉得这个"愿力一族"的说法很有新意，一时间议论纷纷。

不过，这真的是个新鲜的概念吗？李嘉诚传达的意思很经典——让一个人愿意做，而不是被迫做。这是哲学上的经典观点，就是发挥人的主观能动性。被迫做的，必然是不情不愿的，难以获得好的效果。而主动去做的，既有动力又有目标，那么做好一件事就不是什么难事。内容还是我们熟悉的老内容，只是形式发生了变化。就相当于给一位睿智的老人换上了一件新的衣服，看起来非常好看，但实际上并没有发生什么实质变化。

有一位演讲家喜欢在演讲中给大家讲故事，其实都是些老掉牙的故事，比如他最爱讲的是"坐井观天"。大家上小学的时候就已学过，故事讽刺的是一只青蛙坐在井里，不知道外面的世界有多大，直到有一天，一只鸟飞过来告诉它外面的世界有多大，它才恍然大悟。

但是讲这个老故事大家会喜欢听吗？当然不会。所以演讲的人就把这个故事改编了一下。一只青蛙遇到一只鸟，告诉它天空是圆的，为了证明这个"真理"，鸟儿也进井里感受了一下，发现是真的。这就叫作每个人眼里的世界都是不一样的。

或者说，这只青蛙从井里跳出来了，但是它觉得这个世界并不美好，所以他又回到了原来的井里。这叫作逃避。

用一个故事做延伸，诠释不一样的道理，听众会觉得很有意思，同时接收到新的观点。

其实不仅是寓言故事，哲理、名言、童话等，都可以成为演讲者的素材。不要瞧不起这些看起来很老旧的东西，听众在听的时候会排斥完全陌生的东西，对似曾相识的却持接纳态度。所以，只要是有意思的讲述，老调新弹也是很有效果的。

第六讲

做场——
"演"得到位,才能"讲"得精彩

演讲的主体是我们的语言。而"演讲"是一个词,它有两个字,除了"讲"之外,"演"也相当重要。

"演"作为"讲"的辅助,并非可有可无,而是非常必要的。"演"有些时候要比"讲"更加直观。所以,想要让"讲"变得精彩,我们的"演"也必须到位。

"7 / 38 / 55定律"

语言,是人类神奇的工具之一。没有语言沟通,一切都将变得非常困难。但是,在演讲过程中,重要的并非只有语言,能够影响听众的还有其他的因素。有些东西你可能想到过,但是没有重视;有些内容你可能重视过,但却不觉得有那么重要。如果你了解了"7 / 38 / 55定律",你的演讲就会有一个全新的表现方式。

美国柏克莱大学的心理学教授艾伯特·马伯蓝比经过十年的研究,得出了这样一个结论:你的语言只能影响别人对你印象的极小的一部分,约7%;你说话时候的语气、语调等占到了38%;而你的外表、行为举止要占到55%。这个结论对我们有什么启示呢?简单地说,在演讲的时候,听众是否能够接受你本人,跟你演讲的内容关系不大,你说话的方式和外在直观的内容才是决定性的因素。

这并不是说演讲的内容不重要,因为听众最终是否肯定你,还是由演讲的内容所决定的。但是，听众是否能够在第一时间愿意信任你，就取决于演讲之外的东西了。

美国《经济心理学》杂志曾经刊登过这样一则实验：受试者分成三组，分组的标准是他们的外貌，随后统计他们的收入水平。结果非常有趣，外貌较好的那组人，他们的平均收入要超过长相一般的人约10%。

1960年，美国总统大选，肯尼迪和尼克松为了获胜，都做了非常精彩的演讲。双方的辩论大会在广播和电视上都有直播。从演讲的内容上来看，尼克松应该是具有优势的，因为多数听广播的人都认为尼克松更胜一筹，愿意将自己手中的选票投给尼克松。但是看了电视的人则有截然不同的想法，虽然肯尼迪只比尼克松小四岁，但不管是仪表还是气度，都很好。于是，通过电视观看大选辩论的人都认为肯尼迪更适合成为总统。最终，肯尼迪以微弱的优势获得了胜利，成为美国总统。

语言的力量是强大的，但是想要让你的语言发挥出应有的力量，就必须重视语言之外的因素。特别是演讲，演讲不是和熟人聊天。在演讲的时候，场下的听众绝大多数都是陌生人，并且演讲是一种一对多的形式。想要说服听众，让听众对你有个好印象，单单靠语言是不够的。我们必须多在其他的方面想办法，即便做不到加分，最起码不能减分。毕竟，每个人的审美观都不同，每个人喜欢的声音、外形、颜色也都不一样。如果对让大多数人喜欢这件事情没有信心，那么不妨从不让大多数人讨厌开始。

那么，在演讲当中究竟出现哪些行为是会让听众讨厌的呢？

根据"7/38/55定律"，我们还需要注意的方面就是我们的外表。很多人称如今的时代是一个看脸的时代，这句话已经展示了人们对外貌的重视。

但是，这里的看脸只是一种模糊的说法，人们绝不仅仅是看脸而已。你的穿着打扮、你的发型，都非常重要。

有人认为，穿衣服有什么难的，只要穿着得体、干净整洁就好。这样说的确没什么错，在生活中你只要做到这一点，就没什么可指责的。但当你站到演讲台上的时候，你的形象会被无限放大。所以，你的穿着绝不仅仅是干净整洁就好，最重要的是，还要让听众看着舒服。

行为举止同样如此。在生活当中，很多人都有一些小毛病。例如，有些人说话时很爱舔嘴唇，有些人累了就喜欢倚靠在什么东西上，有些人一紧张就会清喉咙。这些问题在生活当中当然不算是什么大问题，但到了演讲台上就会变成大问题。如果不能解决这些小问题的话，你是很难从听众那里获得足够的印象分的，甚至还会因为这些小毛病而被扣分。

所以，我们必须重视"7/38/55定律"，重视那些演讲之外的东西。我们渴望通过演讲来打动别人、说服别人,将我们的思想传递给在场的每一个人,行为举止、穿着、说话的方式等,都是重要的因素。我们要扫清让我们演讲受阻的障碍,让我们的语言发挥出应有的力量。

表情到位，听众才会更加专心

表情，是我们日常生活中传递感情的一种方式。很多时候，我们的表情代表了当时的心情。都说相由心生，其实表情比外表更能体现我们的情绪。你愤怒的时候，就会怒目圆睁，怒发冲冠；你开心的时候，就会眉开眼笑。这些表情，都是你心情最直观的表现。

很多人不喜欢别人看见自己的表情，认为自己的表情会泄露自己的情绪，是一件非常危险的事情，所以讲究喜怒不形于色。做演讲就不一样了，我们不仅要"形于色"，还要让人一眼就能够看出来。

任何成功人士，不管他们平时是不是喜怒不形于色，但是在谈判桌上，在演讲台上，他们一定是表情丰富的。虽然这些表情未必代表他们的真实情绪，但却能够很好地传递他们的感情。

奥巴马在担任美国总统以后，经常在各种场合做演讲。他的演讲总是能够让人印象深刻，这绝不仅仅是因为他的演讲总是伴随着重大事件。

奥巴马在演讲时表情是非常丰富的，并且还一直刻意将自己的表情夸张化，做出很多在生活里根本就不会出现的表情。

但是，正是因为奥巴马将自己的表情夸张化了，才能更好地将自己当时的感受传递给在场的每个人。不管是兴奋、快乐、悲伤、愤怒还是沮丧，都能够在第一时间传递给现场的听众。

表情在演讲当中是非常重要的，这不仅因为它是一种技巧，更因为它是我们人类的本能。

人们在表达自己情绪的时候，情不自禁地使用表情是一种本能，而根据表情来判断对方的情绪同样是一种本能。当两种本能融合的时候，表情也就真正成了传递感情的工具。你用表情所表达出的情绪，更容易被人们接收，更容易被人们记住。所以，在演讲的时候，你的表情能够直接传递出你的情绪。

表情不仅可以作为传递感情的工具，还能够作为演讲的补充。演讲与其他讲话的根本区别就在于现场的表现。一场好的演讲，单单靠语言是不够的。我们在演讲的时候，要活用自己的表情，甚至可以用表情来填充一定的语言空白。例如，当你说起一件开心的事情时，先停止说话，用自己的表情告诉现场的所有听众：我现在是开心的。瞬间就能够将自己的情绪传递给现场的听众，为你接下来要讲的内容做好氛围铺垫。这种使用方式并不能证明表情是不可或缺的，但是活用这种方式能够让我们的演讲令人印象深刻。

表情不仅是表达情绪的最佳方式，还是演讲中不可缺少的重要内容。

我们在演讲的时候，总是会提到各种各样的故事和例子。这些内容或许是我们的亲身经历，或许是我们从别处听来的，但不管是哪一种，都必须在讲述的过程中加入恰当的表情。面无表情地去讲述一个悲伤的故事，会给听众留下冷漠的印象。面无表情地讲述亲身经历的故事会让你的故事变得毫无说服力。不管记忆多么遥远，面无表情地讲述一件发生在自己身上的事情是非常奇怪的。

很多演讲者的表情表现得并不出色，这不仅是因为缺少真情实感，更是因为只做了面部表情，而没有重视眼神，所以给人的感觉就会格外僵硬。人的感觉是非常敏锐的，即便你脸上挂满笑容，但如果你的眼神没有笑意，其他人就会察觉到。所以，我们在演讲的时候，不仅要注意表情，更要注意眼神。

很多人在刚开始演讲的时候是不敢与台下的听众对视的，因为这会使自己更加紧张。实际上，和听众对视这件事情是必须做的，但是想要做好却非常困难。

在进行眼神交流的时候，绝不能只看少数的听众，要用自己的眼神和大多数听众交流。我们不可能面面俱到，只能将眼神固定在某几个区域，依靠我们眼神中的坚定和诚恳，来让所有的听众都认为和我们进行过眼神交流。

眼神的交流也不可以是漫无目的的，任何时候进行眼神交流，都要做到有的放矢。或许是演讲当中有非常重要的内容，或许是有一个情感爆发点，或许是在开始的时候想要吸引听众的注意力，或许是在演讲结束的时候要给听众留下一个良好的印象。和听众进行眼神交流的原因有很多，但不能无缘无故地和听众进行眼神交流，特别是眼神交流的时候缺少固定对象，漫无目的地乱看。这样只能让听众觉得你要的不是交流，只不过是一种形式主义而已。如果听众这样想，那么在这场演讲剩下的时间里，对方就不会再注意你的眼神了。

表情是我们演讲中重要的组成部分。有了表情，就能够更好地表达我们要讲的内容，让演讲变得更加有力。

注意行为举止及外表，打造完美形象

根据"7/38/55定律"，影响他人对你印象的因素有很多，其中最重要的就是一个人外在直观的部分。这部分的内容主要是外表和行为举止。正是这些和语言无关的东西，成了在演讲的时候听众能否在第一时间接受你的关键。不管人们如何去否定，不管人们多么不愿意承认这件事情，但事实就是这样。那些穿着干净整洁、形象好的人，总是能够给人留下更好的印象。

美国某电视台曾经做过一个节目。该节目让一个工作人员扮成流浪汉的样子，随机寻找路人，说自己碰上了麻烦，希望能够得到路人的帮助。结果，连听工作人员说完的人都寥寥无几，更别提什么帮助了。而另一位工作人员则穿上西装，打好领带，把头发梳得很整齐，再去向路人求助。结果，绝大多数路人愿意听完他的话，有很多路人还表示愿意给予帮助。

无独有偶，在日本同样有一个节目做了类似的测试。他们让一名女性工作人员向路人借钱，结果来往的路人很多，但是愿意慷慨解囊的很少。而同样是这位女性，在化妆师为她化妆以后，她借钱的成功率就提高了很多。

陌生人并不知道你是谁，能够影响陌生人判断的，最重要的就是外表。如果你有一个出色的外表，那么即便是陌生人，也愿意向你伸出援手。这不是因为有某种企图，完全是因为他们对你的第一印象影响了他们的判断。

我们在演讲的时候，要特别注意我们的外表。外表不能决定一个人真正的价值，但是可以影响其他人对我们的第一印象。发型、服装、造型、配饰，都需要我们精心准备。演讲的时候总是有一定的目标群体，这个群体决定了我们的穿着应该是怎样的。例如：为学生演讲的时候，就需要穿得年轻一些，过分成熟的打扮就不是什么好的选择；为工人演讲的时候，不能太新潮，要稳重一些。

行为举止也是演讲当中必须注意的事项，因为动作能够传递很多语言所不能传递的内容。很多人会下意识地做出一些奇怪的动作，这才是我们最真实的一面。我们的行为举止，要符合我们的演讲内容和我们的一贯形象。如果我们展现出的东西和我们演讲的内容并不符合，那么就会给听众留下糟糕的印象。

另外，很多动作在公众的心里是很低俗的，会带来严重的负面影响。例如抖腿、说话的时候舔自己的嘴唇、挠头等，这些动作会让人觉得你很紧张、不自信。

一些优雅的动作则能给听众留下很好的印象，因为这些动作会让听众感受到你的自信，感受到你的泰然自若。所以，在平时也需要练习，要经常对着镜子观察自己的动作，以保证自己平时不自觉的动作不会给听众留下不好的印象。

在众多动作中，最重要的就是手势。手势能够增强我们说话的气势，很多知名演讲者在演讲的时候手势几乎是一刻不停的。

很多手势已经有了固定的含义，用来表达一些情感。例如：向上举，表示上升趋势、提高、好的、积极的；向下压，则与向上举的意思相反，表示一些消极的情绪、不好的内容，甚至代表沮丧、蔑视；双手摊开，则表示无奈，没有办法；单手下劈或者是握拳，则表示坚决、果断、愤怒或者是下定决心。

手势同样是需要训练的，这样能保证我们在演讲时可以在适当的时刻做出适当的手势。

演讲从某种意义上就如同一场大型的相亲会一样，听众对你的印象直接决定了你的演讲成功不成功，能不能听。如果演讲者看起来不修边幅，那么他演讲的说服力将会大打折扣。如果我们想要让演讲达到最好效果，不让我们精心准备的演讲词白费，那么我们就必须收拾好自己的外表。

好的外表就是我们的敲门砖，是我们赢得良好第一印象的重要因素。行为举止是我们演讲中重要的工具，可以展现我们的自信。作为演讲者，必须关注自己的行为举止以及外表，打造完美的个人形象，这样这场演讲就已经成功了一半。

巧借道具，凸显演讲主题

道具，是为你的演讲锦上添花的好东西。很多人虽然已经在演讲上很有经验了，却还是会忽视道具的重要性。道具在演讲当中可以扮演多种多样的角色。有道具的演讲和没有道具的演讲虽然不会有本质上的区别，但是对听众的影响却是巨大的。大家都懂眼见为实的道理，而道具能够让现场的所有听众直观地看到你所展示出来的东西，更能够增加我们演讲的说服力。

著名的教育家陶行知先生在武汉大学做过一次让人印象非常深刻的演讲。在演讲开始的时候，陶行知先生没有说一句话，反而从随身携带的箱子里拿出了一只大公鸡。就在台下听众一脸错愕的时候，陶先生又拿出了一把米，撒在了桌子上。

在听众疑惑的目光中，陶行知先生把手放在大公鸡的头上，用力地将它按在了米粒前。大公鸡不仅没吃米，反而激烈地挣扎起来。

随后，陶行知先生又将大公鸡的嘴掰开，向大公鸡嘴里喂米，但大公鸡还是不领情，拒绝吃米。

最后，陶行知先生放开了大公鸡。过了一会儿，它自己走到撒米的地方，欢快地吃了起来。这个时候，陶行知先生才说了演讲的第一句话："我认为，教育就跟喂鸡一样。老师强迫学生学习，硬将知识灌输给他们，他们是不情愿的。即便是学了，也不会成为他们自己的东西……"

陶行知先生在演讲之前采用道具，活灵活现地为在场的听众展示了自己要讲的主题。当陶行知先生开始演讲的时候，场下的听众没有任何一个会质疑他所说的内容的正确性。毕竟事实就摆在眼前，在场的所有人都看见了，这增加了演讲的说服力。

演讲的时候活用道具，是有着很多好处的。使用道具能够让你的演讲更加流畅。很少有演讲是一气呵成的，特别是那种时间较长的演讲，在演讲时往往会围绕一个大的主题讲很多个小的主题。那么，这些小主题之间的衔接就成了难题。如果不加以说明，很多听众就感受不到主题之间的变化。而如果说得太明白了，又会让听众觉得冗长，失去了全身心沉浸在演讲当中的体验。

使用道具就能够很好地解决这个问题。当你结束了一个主题，开始另外一个主题的时候，只要将准备好的道具拿出来，这种直观的方式可以让听众立刻发现主题的变化，让听众快速调整状态，投入新的内容中。

在演讲的时候使用道具能够让你演讲的主题更加突出、更加深刻。在演讲的过程中，主题是比较难把握的。说得太密集，演讲就会变得无聊；而说得太松散，听众又记不住。在演讲的时候，如果想要让听众记住主题，那最好有一样能够贯穿演讲始终的东西。单纯地使用语言，难度是非常大的，但使用道具就不一样了。例如，在陶行知先生的演讲中，他使用大公鸡加深所有听众的印象，那么，在演讲结束之后，人们只要看见大公鸡，就能够想起这场演讲的主题。

在演讲的时候使用道具，能够深化主题，也能够让听众对演讲的内容记忆更加深刻。特别是在演讲的末尾拿出道具，听众的印象会更加深刻。鲁迅先生进行演讲的时候就经常使用道具，而且会将一些道具在演讲的结尾才拿出来，让演讲的开头和结尾得到呼应，令听众回味无穷。

演讲本身是以语言为主体的，但是想要深化演讲的主题，我们就需要借助一些更加直观的东西，比如道具、表格等。这些肉眼能够看见的东西要比语言更有说服力，要比语言更加能够让人印象深刻。在演讲当中，我们要学会活用这些道具，让我们的演讲更加出色。

第七讲

烘场——
画面效应，借故事提高演讲感染力

烘场，是指演讲进入精华部分之前的必要准备。如果在进入精华部分之前，听众仍然没有进入状态，不能全神贯注的话，那么演讲者精心准备的内容就白费了。演讲中最吸引人的内容，莫过于故事。我们要利用好故事，将听众带入我们的节奏当中，增强演讲的感染力。

一次好演讲，一定要有一个好故事

故事，是演讲当中不可缺少的部分。如果全场只讲你想要表达的观点，只说你的想法，那么整场演讲必然会显得格外枯燥乏味。我们在演讲的过程中，必须加入故事，否则演讲的效果就不能得到保证。

什么样的演讲才是成功演讲？一场好的演讲至少要做到以下几点：在场的绝大多数人能够听懂；能够引发大部分听懂的人的共鸣；在演讲结束以后，产生共鸣的那些人能在一段时间里记得演讲的内容，并且愿意讲述给其他人听。前两点往往是所有演讲者都在拼命追求的东西，但是人们往往忽略了最后一点。真正好的演讲，是能够给人们留下深刻印象的，是能够让人们愿意主动向他人传递演讲中的思想的。

在一场演讲当中最让人印象深刻的就是故事。三个月内，听众就会忘记演讲的绝大部分内容，而故事却能够长久地留存在听众的脑海中。如果这个故事非常精妙，那么还可以继续传播。如果我们每次演讲当中都能有好的故事，那么我们的演讲就会被更多的人记住更久，以达到传递思想的目的。

某地的交通部门为了向大学生普及交通安全知识，在各大学开展了巡回演讲活动。前几次的演讲效果并不好，场下的学生们大都听得昏昏欲睡，而在演讲结束以后都迅速离开了演讲现场。几个星期以后，让参加演讲的学生填写一份问卷的时候，多数人无法回答出演讲中讲过的问题。交通部门为了改善演讲效果，向一位著名的演讲大师求助，演讲大师给出的解决问题的方法就是在演讲当中穿插一些故事。

于是，在接下来的几次演讲中，演讲者在演讲当中加入了一些因为不遵守交通规则而引发悲剧的案例。这次演讲就起到了应有的效果，一众学生听得聚精会神，一个打瞌睡的都没有。

在演讲结束以后，很多充满好奇心的学生和比较谨慎的学生还主动前来询问一些刚才没有听懂的问题。几个星期以后，让学生填写问卷时，绝大多数听了演讲的学生都还能记住上次讲过的内容。甚至一部分学生能够记住案例中的细节。

故事并不是演讲的主要内容，但却能承载演讲的主要内容。故事未必会阐明我们想要说什么，但是故事结束以后我们再进行解释，会让听众印象更加深刻。每当他们在生活当中遇到与故事类似的事情，甚至只是遇到了一个与故事当中的主角很像的人时，演讲的内容就会重新回到他们的脑海。

在我们演讲的时候，很多内容是非常抽象的。这部分内容可能是数据，可能是行为，可能是概念，也可能是关于未来趋势的猜想。不管是哪一种，都是不那么好理解的，都是让人觉得很不具体的内容。但是，如果我们能够讲一个故事，用故事来使我们要说的内容或者是已经说了的内容具体化，那么演讲的效果就会好上很多。抽象的内容将不再抽象，难懂的内容也可以随着故事的讲解而使听众有全新的理解。

对于演讲者来说，故事只是演讲当中很小的一部分，却也可能是花心思最多的部分；对于听众来说，一个好的故事可能就是一场演讲的全部。特别是一些比较艰涩的内容，如果没有足够的故事作为载体，那么当你讲完以后听众们可能就忘得差不多了。而如果有故事作为可靠的载体，即便听众已经忘记了你说的是什么，只要故事足够好，足够让人印象深刻，那么他总会想起来的。

我们要重视故事的力量。故事不一定是为了演讲而准备的，但是演讲却一定要准备故事。没有故事的演讲是晦涩的，是难懂的，是无趣的。即便我们演讲的时候，所要说的内容都是非常关键的，都是非常有价值的，但是适当地加入一些故事会让演讲更加生动，更加具有生命力。一个好的故事，有些时候就是人们能够记住的一场演讲的全部。

　　故事非常重要，我们已经再三强调了这件事情。但是，故事不是随便讲的，也不是所有的故事都能为你的演讲锦上添花。在讲故事的时候，我们有太多需要注意的东西，不管是故事的获取、选择、主题，还是故事的主体，都是非常重要的。如果做不好这些准备，那么讲故事这件事情不仅会变得难以实现，有些时候还会起到负面效果。在接下来的章节里，我们会对这些内容一一讲解。

日常多多积累，讲时信手拈来

我们懂得故事的重要性，知道讲故事可以加深听众的印象，故事是演讲内容非常重要的载体，但是很多人却被故事本身难住了。他们总是找不到合适的故事。

其实故事并不是找出来的，也不是写出来的，而是日常积累出来的。只要平时用心积累，那么在演讲的时候就能够信手拈来，丝毫不费力气。

马云是一位演讲大师，他在卸任阿里巴巴CEO的职务以后，似乎将演讲作为爱好了。那么，马云是如何找故事的呢？其实马云很少专门去找故事。

马云在演讲前通常是不会刻意准备演讲稿的。往往在演讲开始前十分钟，他会找一张纸，在上面列出一个大纲，这就是他演讲之前所做的全部准备了。马云在演讲的时候总是妙语连珠，有许多有趣的小故事，不管是自己的还是别人的。这些故事的来源没有什么秘密，无非就是生活当中的积累。

例如，马云在讲企业要有工匠精神的时候，提到了瑞士。因为他在演讲之前乘飞机的时候觉得瑞士的木地板质量非常好，于是就记在了心里。这就是一个好故事的诞生，不仅贴近生活，非常真实，而且信手拈来。

其实在生活当中有很多很多积累故事的途径。我们不管做什么事情，只要用心，只要去留意，就有大量的故事能够让我们运用到演讲之中。但是，这些途径效率各不相同，所得到的故事也有好有坏。下面几种途径是我们比较推荐的积累故事的方法。

1.媒体新闻。如今，媒体行业越来越发达了。传统的媒体，如电视、广播、报纸等，仍然是新闻传播的主要途径。网络媒体的兴起，使消息的传播速度加快，不管什么时候，只要有重大的事情发生，我们都能在第一时间得到消息。传统媒体和新兴媒体都是我们获得故事的途径，媒体上的许多内容对于大众来说都具有很强的吸引力。即便是听过了，只要当下有足够的讨论度，就不会因为故事太老而惹人生厌。

如果我们使用媒体新闻作为故事的素材，就必须保证故事的真实性。有些未经证实的故事如果贸然用到自己的演讲当中，在当时可能会收到较好的效果，但如果故事被证明是假的，那么作为传播这个故事的人，必定会受到指责，甚至会被指责为骗子。

  2.生活。每个故事其实都来源于生活，只是有些比较平淡，有些比较离奇而已。不管是哪一种故事，都有其天生的优势，那就是贴近生活。这些故事可能是我们的亲身经历，也可能是听朋友讲的。如果希望找些接地气的故事，那么可以从生活中寻找。

  来自生活的故事往往是我们最好的选择，但是使用生活当中的故事一定要做好选择。生活中所发生的事情实在是太多太多了，只有那些有意思的故事才能被人记住，才能为你的演讲带来好的效果。如果故事不是源于生活，而是对真实事件的改编，那么就必须考虑原版故事的流传度了。如果这个故事已经路人皆知了，那么你的改编就容易变成笑话。

  3.读书。古人常说："书中自有黄金屋，书中自有颜如玉。"在书中，有大量的故事，其中很多的故事都非常有意义。平时多阅读文章，多积累故事，才能在关键时刻有备无患。

  书中的故事也是非常好用的，特别是一些名人轶事，以及历史上发生过的真实事件，往往都已经得到广泛认可，这样的故事往往更加具有说服力、感染力，有些时候还能让演讲者给听众留下博学多才的印象。但是，使用书中的故事时要注意不能用一些众人皆知的故事。有些故事已经被人讲透了，这样的故事不仅不能引人入胜，反而会让听众觉得无趣，因为你知道的故事和听众所知道的故事并没有什么两样。

其实故事无处不在，看电视可以找到故事，和人聊天可以找到故事，甚至看广告、看杂志都能找到故事。寻找故事并不是最重要的，最重要的是积累。要有一定的敏感性，当你看见一个有意思的故事的时候，就要把它放在心里，思考自己在什么场合能够用得上，思考这个故事怎样改造才能符合我们演讲当中的某个主题。如果我们在演讲的时候总是能够想到合适的例子，总是能够找到合适的故事，积累就已经正式完成了。

人人能听懂，故事才有意义

故事能够更好地传播我们演讲的思想，让我们的演讲更加深刻、更具感染力。但是，这些都是建立在一个大前提之上的，那就是所有人都能听懂我们在演讲当中的故事。

不管你的故事多么精彩，多么富有感染力，多么让人印象深刻，如果听众听不懂，那就是毫无意义、毫无价值的。只有那些听众能够听懂的故事，才是有意义的故事。

著名作家、编剧刘震云在2012年做过一场演讲。他在演讲当中讲了很多的故事，每个故事都让人印象深刻，让人能够听得明明白白。当他谈到人应该怎样去做事情的时候，他没有引用名人的故事，也没有说不着边际的大话，而是讲了几个自己小时候的故事，而故事的主角是他的舅舅。他的两个舅舅一个是赶车的，一个是木匠。其中的道理看似粗糙，却非常深刻，也非常易懂。他在讲述人要有远见这个主题的时候，也没有说一些未来的发展趋势或名人高瞻远瞩的故事，而是谈了些每个人都能接触到的东西。例如，城市的下水道、马路塌陷、桥梁的使用寿命等问题。这些内容浅显易懂，并且就发生在我们每个人的身边，是每个人都应该关注的民生问题。正是这些简单的故事，让在场的每个听众都能听懂，让每个听众都能记住。

讲故事必须让别人能够听懂。本来我们讲故事的目的就是想要让每个来听我们演讲的人能够明白我们在说什么，让我们的演讲从抽象变得具体。如果连故事都是抽象的，连故事都是让人听不懂的，那演讲的其他部分听众就更听不明白了。我们要让听众明白我们演讲的内容，那么最基础的就是让听众听懂我们演讲当中的故事。

要让我们的故事变得浅显易懂，有几种方法是非常简单的。只要掌握了这几种方法，我们就能够自己改编故事，让故事变得有意义，真正能够为我们所用。

要让听众都听懂我们的故事，就要适当引用数据。数据相比道理更直观、更具体，能够提高故事的可信度。比如，我们对听众说："小明比小刚的工作能力强。"听众可能有疑问：怎么个强法？强在哪里？而引用数据后，你说："小明每个月的销售业绩比小刚的高70%，而差旅费却比小刚少支出5000元。"听众就会快速明白这些数据的意义。

故事是否贴近生活，同样是人们能否听懂的重要原因之一。在我们讲故事的时候，有些东西是非常必要的，例如我们演讲的中心思想或者我们想要告诉听众的话。但是也有一些东西是不必要的，这些不必要的东西往往会影响听众的大脑的反应速度。如果听众不能在第一时间就反应过来，而要去苦苦思索的话，那么之后的故事就会变得难懂。

如果我们讲的一个故事，主角是瑞典某个社区某条街道的某个人，那么在我们进入正题的时候，恐怕听众还在思考故事发生的地点和主角的身份。而如果能够将这个故事的主角变成本地的某人，或者大家都认识的某人，甚至是直接省略掉故事发生的时间、地点和主角的姓名等内容，直接讲述在这个人身上发生了什么，那么听众需要的反应时间就会少得多，这个故事也就能变得更加容易理解。

能让人听懂的故事，不仅要贴近自己，更要贴近听众。在一场演讲当中，你的听众往往是有共性的。去学校演讲的时候绝大多数听众都是学生；去某个城市演讲，那么来听演讲的绝大多数是这个城市里的居民；去工厂演讲，那么来听演讲的就基本上都是工人。我们要讲的故事，如果是发生在自己身上的，那么往往简单易懂。而如果是发生在听众身边的，那就更容易明白了。在对学生讲故事的时候，不妨将故事的主角变成学生，讲和学生生活息息相关的事情。当然，如果能够结合起来，讲一个发生在自己学生时期的故事，那就更好了。

故事，是让演讲变得简单易懂的工具，而要做到这一点，故事本身就要简单易懂。如果听众连你的故事都听不懂，那就更别说你的演讲了。当我们要使用一个故事的时候，首先要考虑的是这个故事是否贴近大众，其次要考虑听众的身份，判断这个故事是否合适，最后才能将这个故事讲出来，以达到我们想要的效果。

故事要能引发共鸣，而不是引起分歧

我们做演讲的主要目的，是让听众能够知道更多的东西，让听众认同我们的观点，能够和我们达成共识。如果一场演讲没能做到这些，那么这场演讲就不能被称为是成功的。如果不仅没能跟听众达成共识，反而和听众产生了分歧，演讲者走到了听众的对立面，那么不仅这场演讲是失败的，演讲者也可能会给听众留下不好的印象。为了避免发生这样的事情，我们必须认真地筛选我们的故事。

某公司高管安排公司的一个中层管理人员来为新入职，还在培训中的员工演讲。这本是一件非常常见的事情，甚至有些公司还需要公司高管亲自去做这件事情。但是，这个中层管理人员缺少这方面的经验，把演讲搞砸了。

他在演讲时，讲了一个发生在公司里的真实故事。他说公司里有一个新员工和一位老员工。老员工非常有职业道德，工作勤恳，遵守公司的每项规章制度；而那个年轻的员工，不仅不遵守规章制度，还经常违背职业道德，最后居然带着公司给他的客户资源转投了竞争对手。

这个故事引起了很多新员工的不满，结果不仅没有起到团结新员工的作用，甚至不少人还因为这次演讲向公司高层投诉，说演讲的管理人员歧视新员工，试图将员工分为三六九等。这件事让公司高层非常愤怒。高层愤怒的原因是，都已经是中层管理人员了，居然连这么点事都做不好。最后这个管理人员受到了处分，原本近在眼前的升职名额也给了别人。

每个人的人生经历、受教育程度、生活环境等各不相同，因此会有自己独特的人生观、价值观和世界观。我们不能强求大家的想法保持一致，因为这是一件不可能的事情。但是我们也要尽量地避免引发分歧。一旦出现分歧，人们的注意力就会被转移，原本想要表达的观点就不重要了，争论分歧就成了演讲当中听众最在乎的事情。如果事情不能得到妥善解决，甚至会引起无穷的后患，让自己惹上麻烦。

我们在讲故事的时候，难免会出现对比。在这个时候，对比双方的身份就变得非常敏感。在对比的时候，一定要注意双方的身份，一旦将两个对立群体放在对比的天平上，那么不管说谁好，说谁不好，都会引起分歧。例如，在刚才的那个故事中，两个人物分别是新员工和老员工,如果将这两个人的身份隐藏起来,只说名字,甚至连名字都不说,只是单纯进行比较,那么就不会出现后来的那种状况了。

有些群体的身份是非常敏感的,并不适合用来作为故事的主角,否则很有可能被人过度解读,成为攻击你的一个借口。例如,在活跃气氛的时候,讲一个有趣的故事,就必须避开残疾人、女性以及地域、民族、宗教等问题,否则这个有趣的故事很有可能会被有心之人解读成丑化某个群体的故事。这个时候你和听众的分歧就会变得无限大。即便你马上道歉,也难以弥补犯下的过错,难以扭转自己的形象。所以,这些故事要尽量少用,最好不用。

在选择故事的时候,如果做到足够细心,那么分歧是很容易避免的。人人都喜欢听好话,因此我们在讲故事的时候,要多用正面例子,多说正能量的故事,少讲反面故事,少用反面教材。不管故事中的主角是什么身份,属于哪个群体,只要他的形象是积极向上的,那么这个故事就不太可能会引起分歧。

在进行交通安全方面的演讲时,故事的主角是一位女性司机,如果故事是负面的,那么难免会被扣上一顶歧视女性的帽子。并且,如果听到故事的人开始起哄,那么不仅你和听众之间会出现矛盾,听众与听众之间也会出现矛盾,演讲时的气氛就会变得非常紧张。这么一来,这场演讲想要成功就变得非常困难了。而如果只讲正面的事情，那么女性司机的身份就不会被拿来做文章，这只会是一个不会引起分歧的好故事。

演讲中故事的选择一定要多注意，话说出口之前要三思。如果可以的话，尽量不要强调故事当中人物的身份、年龄、性别、宗教信仰、民族、生活地区等细节，除非这个故事是一个绝对真实的故事。一旦产生分歧，甚至被人贴上标签，那么这场演讲就很难收到好的效果。我们要记住，演讲是为了传递我们的思想，让听众认同我们的想法。即便大家的想法不同，也要尽量求同存异。不要让你的演讲引起分歧，不管是你和听众之间的分歧还是听众当中两个群体之间的分歧。

故事与观点的衔接，需要天衣无缝

在我们的演讲当中，故事是必不可少的部分。因为故事可以帮助我们渲染演讲的气氛，让我们的演讲更有说服力、更有感染力，也能让听众更加明白我们的观点。但是，故事不是随便讲的，任何一个故事的存在都是有其特殊含义的。

一个故事，如果不能跟我们演讲中的观点、思想或者其他内容相互辉映，那么这样的故事出现在演讲中就是不合适的。甚至有些时候，故事和我们演讲的主题毫无关系，那么相信所有的听众脑海当中都会出现这样一个问题："为什么要讲这个故事呢？"

多年以前，美国房地产协会举办了一次演讲大会。不是什么演讲比赛，而是演讲稿的创作比赛，其中一份非常好的演讲稿脱颖而出。

这篇稿件能够胜过其他几十篇演讲稿的重要原因在于它的条理

性、逻辑性、衔接性很强。演讲最开始讲述了一些伟大的事迹，随后就是一些作者亲身经历过的故事。在故事中，他提到了费城多年以来的改变，他的生活状况是怎样的，等等。在故事的结尾，他马上就从自己平时购买日用品这件事情引出了费城一年要提供多少日用品，商业上有多少成交额，进而引出费城是多么繁华的主题。在有关费城是多么繁华的内容结束以后，马上又转向了美国精神。在演讲稿的结尾，费城的发展与美国精神、《独立宣言》、自由等内容完美地联系了起来。

这篇演讲稿可谓是环环相扣，其中的每个故事几乎都跟作者接下来想要表达的内容紧密衔接，结构完美，条理清晰。这样的演讲稿近乎完美，所以获得头奖也在情理之中。

从这个例子中，我们就能够知道，一次好的演讲，当中的故事要做到和演讲的主题思想、观点环环相扣，要有清晰的条理。很多演讲者并不能做到条理清晰，他们的演讲如果不加入故事还好，加入故事反而会让演讲变得混乱。

演讲不是小说，不是电视连续剧，也不是电影。我们不用向听众展现自己的艺术天分，而是要让听众能够接受我们的观点，明白我们要说的内容。所以，在讲故事的时候，一定减少倒叙、插叙这些手段的使用。

以一个故事作为演讲的开始，是一个非常好的选择。这种方法可以在第一时间就抓住听众的耳朵，让听众全神贯注地听你想要表达的内容。如果没有将故事放在开头，而是先用一段自己的想法引出故事，最后再强调自己的想法，也是一种非常好的结构。这样做可以让听众对你要说的事情有非常深刻的印象。但前提是，你所要表达的想法值得这样反复说。

　　反复去强调一个小的观点，对演讲的整体结构不会起到好的作用。因为在演讲当中，这种小的观点往往是层出不穷的。当你用一个故事引出你的观点以后，再回头去强调一个小的观点，这种演讲方式就如同无头苍蝇一样，四处乱撞。这样一来，不仅听众听不懂你想要表达什么，你自己也会逻辑混乱，刚才的故事所要表达的究竟是什么，也就变得混乱了。小的观点，并不一定需要故事的渲染；只有那些重要的观点，才需要一个故事来帮助听众加深印象。

　　我们利用故事来表达自己想法的时候，往往可以用故事当中的一句话来作为连接故事和观点的重要纽带。

　　在美国参议院的一次会议上，一个人的发言非常混乱，让人云里雾里。随后，一位参议员讲了这样一个故事：

　　在我的故乡有个男人，一心想要与妻子离婚。他的妻子非常漂亮，拥有一手好厨艺，还是一位模范母亲。"你为什么要和自己的妻子离婚呢？"我问那个男人。那个男人回答我说："因为她总是说个不停啊！""那么她都在说些什么呢？""这正是问题所在——她从来都没有说清楚过。"

接下来，这位参议员就围绕故事当中最后一句话"她从来都没有说清楚过"，展开了对那个在会议上喋喋不休又说不清楚话的人的批评。这个故事的结尾完美引出了参议员的观点，不仅幽默风趣，更是让人印象深刻。

好的故事可以让我们的演讲变得更好，这是毋庸置疑的。但是如果想让这个好的故事发挥最大的作用，那就需要一个好的衔接。

如果你的故事能够和你的观点衔接得天衣无缝，那么听众在聚精会神地听完你的故事之后，也会聚精会神地听完你的演讲。如果你的故事和你的观点没有很好地衔接在一起，那么故事的效果就会大打折扣。

故事的好坏固然重要，但是故事插入的位置也起着非常重要的作用。做好上下衔接，发挥出故事的最大效用，是演讲非常重要的技巧。

把控故事节奏，抓住听众注意力

你只要系统地学习过演讲技巧，就会知道掌握演讲的节奏是非常重要的一件事。任何一场演讲，都需要掌控好节奏，知道什么时候该说什么内容，什么时候该用什么语速。不同的节奏会给演讲带来不同的效果。

讲故事也是这样，需要一定的节奏。没有节奏的故事是缺少灵魂的故事；而能够把握好故事的节奏，就能够让听众全神贯注地听你的故事，听你的演讲。

人们为什么喜欢听故事？因为故事当中总有一些关键的地方能够带给我们一些不一样的感受。

那些我们生活当中无法亲身经历的事情，会为我们带来震撼，让我们感受到奇迹；而那些我们在生活中经历过的事情，则会给我们带来一种亲切感。不管如何，讲故事必须有一个点，这个点就是故事当中最吸引人的部分,就是故事当中最能打动你的部分。

鲍威尔·希里是美国的一位演讲大师。他在宾夕法尼亚运动俱乐部做过一场演讲。

"八十二年前,就是在这个季节,伦敦的一家出版社出版了一本小书。这本书被称为'世界上最伟大的小书'。事实上这本书真的成为经典了吗?当时在街上,人们碰面的时候,都会互相询问:'你读那本书了吗?'这如果还不令人惊奇,那么所有人的回答都是'是的,上帝保佑,我读过了',肯定足够令人惊奇了。这本书在出版的当天就卖掉了一千本,两个星期之后这个数字就达到了一万五千本。从那以后,这本书被多次再版,被翻译成各国文字,在世界各国出版。如今,这本书的原稿和其他无数珍宝一样被陈列在艺术馆中。那么,这本举世无双的书究竟是什么样子呢?"

话说到这里的时候,在场的每个听众都竖起了自己的耳朵,全神贯注地等着希里说出这本书的名字。人都是有好奇心的,一直到希里揭晓谜底,说出这本书的名字——《圣诞颂歌》的时候,听众的好奇心才得到满足。在接下来的演讲中,听众始终保持着这种全神贯注的状态。

讲故事就是这样,只要把握好了节奏,就能够调动听众的积极性、好奇心,让他们全神贯注地听你演讲。我们要学会掌控故事的节奏,将故事的关键点放在合适的地方。

制造悬念是掌控故事节奏的最好方法。我们可以在故事当中设置一个悬念，这个悬念可以引发听众的好奇心，让听众在得到答案之前集中注意力。

当我们选择将悬念放在故事最开始的时候，听众们就会集中注意力，等待最终的答案，以满足自己的好奇心。这个时候，节奏就已经完全被我们掌控了。我们大可以在听众彻底失去耐心之前逐条地分析这个悬念是如何出现的，出现的关键是什么，最后再揭开谜底。

想要吸引听众的注意力，制造一个爆点也是很好的办法。我们讲的故事往往分为两种：一种是非常平常的故事，这种故事常常会发生在我们身上，甚至是我们每天都会遇到但却没有注意到的事情；而另一种则是非常罕见的事情，这些事情很多人一生都遇不到，即便遇到也就那么一次。

如果是第一种，就不需要爆点，因为这种故事是为了引起共鸣，获得听众的亲切感以及认同感。但是第二种故事就必须有爆点，任何离奇的故事总是需要有一个高潮的，这才能体现出这个故事非同一般。如果说这个故事没有爆点，平淡无奇，又是多数人一生当中都不会遇到的，那么这个故事就是毫无意义的。我们可以利用爆点来吸引听众的注意力，让听众觉得这个故事不一般。这样我们在说出这个故事的全部内容时，听众才会全神贯注地去听，去了解我们所说的事情。

吸引听众注意力的另一个方法是在故事中设置转折。故事当中最精彩的内容是什么？除了悬念、爆点之外，最激动人心的莫过于转折了。当你觉得山穷水尽的时候，当你觉得这个故事已经到了结尾的时候，甚至你已经对故事的结局做出了猜测的时候，故事却迎来了全新的转变，这个时候你的想法会是怎样的？是否想知道故事为什么会出现这样的转折呢？当然，转折的目的之一就是吸引听众的注意力；此外，它还有另外一个目的——调动听众的情绪。

转折点往往出现在故事快讲完的时候，这个时候听众们已经大致掌握了故事的情感基调。转折的出现，会让听众的情感达到一个全新的高点，这个高点会超越故事原本的情感基调。能调动听众的情绪，这场演讲就成功了一半。一次情绪的高点，会让所有的听众在演讲结束以后意犹未尽，回味无穷。

节奏就是故事的灵魂。如果能够用故事掌控演讲的节奏，那么故事就成了演讲的灵魂。我们要善用故事，掌握好演讲的节奏，让我们的演讲成为有灵魂的演讲。

第八讲

定场——
出言有法，嘴上乾坤赢得听众信服

不仅仅是演讲，任何一次发言、交流，都有其背后的目的。而在这些目的当中，说服别人又是最常见的。我们想要说服别人，就必须拥有一定的演讲技巧。毕竟演讲是有时间限制的，由不得演讲者滔滔不绝。想要让听众信任你，被你说服，那就先来学点儿技巧吧！

演讲的实质,是说服而不是说教

每个演讲者做演讲都是有自己的目的的,或是想要推销自己的理念,或是想要说服别人认同某种观点。不管是哪一种目的,其本质都是去说服别人,而不是说教。说服和说教并不一样。很多时候,同样的目的,使用不同的方法,听众就会产生完全不同的感受,所达到的效果也是完全不一样的。

说服和说教本身就是两个概念。说服是指通过我们的语言让对方信服我们所说的观点,而说教是指使用自己的观点去教育别人。说教无疑是机械的,是空洞的,是毫无意义的,而我们想要达成说服这个目的,就不能使用说教的方法。

说服是我们想要获得的最终结果,但说服别人并不是一件容易的事情,要使用众多的技巧。否则一个不小心,就会将说服变成说教,变成让人不愉快的演讲。那么,说服与说教的根本区别在哪里呢?

"要相信你自己的能力，没有什么事情是你做不到的。只要你有足够强大的意志力，那么没有什么困难是你不能克服的。"这种话就是常见的说教式发言。我们从中能够获得什么呢？仔细分析这段话，就会发现我们什么都不能获得。要自信，是我们勉强能够提取出来的主要内容，剩下的都是说教式的发言。

人的能力是无限的吗？这个问题相信每个人都有自己的答案。只要稍加分析，就能够明白。这种思想流传在多年前的励志演讲中，但在如今，已经完全过时了。

我们想要传达自己的思想，就不能使用空洞的说教。刚才那段话，其实可以有更好的表达方式："我们只要努力，就会有收获；只要坚定意志，就能够不断地自我提高，自我突破。"一味地强调人的能力是无限的，那么听众最终所接收到的信息就变成了"你不够成功，是因为你不够努力"。这种说教不仅无法打动听众，反而会让听众觉得你在说大话、说空话，在唱高调。每个人都有自己的难处，即便我们想要让在场的每个听众都理解我们的想法，也不能说一些无用的空话，因为这是毫无意义的。

那么，我们怎样才能将演讲从说教转化到说服呢？

首先，不能说空话。假大空是最没有意义的。如今是网络时代，现在的人懂的道理越来越多，那些空泛的道理不仅无法引发共鸣，反而会引起人们的反感。所以，我们在演讲的时候要做到言之有物。

即便只能做到针对在场的少部分人，即便只能让少部分人有所收获，也比说空话要好。

其次，控制好演讲内容的范围。演讲时，我们能够讲的内容有很多很多，但不管是何种主题的演讲，都不能漫无边际地去说。这样的演讲不仅会让现场听众摸不着头脑，还会让你自己找不到主题。所以，内容必须做一个限定，针对不同的群体做不同的准备，这样你的演讲才称得上是有用的。

再次，居高临下的态度不可取。我们是演讲者，不是听众的领导、长辈。所以，我们演讲的时候必须树立正确的态度。我们可以把自己当成听众的朋友。我们要传达自己的思想，那么就必须让听众有亲切感和认同感。如果抱着居高临下的态度，那么很有可能会直接站到听众的对立面上去。不仅年轻人有叛逆心理，那些较为年长的人也同样不喜欢听他人的说教。居高临下的演讲者必然会招致反感，接下来不管演讲者说什么，听众们都不会放在心上了。

最后，要时刻牢记我们演讲的目的。我们演讲的目的是什么？是说服别人，是让别人认同我们的观点，是传递我们的思想。很多演讲者在演讲的过程中会忘记这一点，经常为一个问题而和听众纠缠不清。我们是为了说服听众，而不是为了说教。讲再多的道理，如果无法获得认同，那么演讲就是失败的。为了达到说服听众的目的，适当让步，也是可以的。

第八讲 定场——出言有法，嘴上乾坤赢得听众信服

认清说教与说服的不同，是改变我们演讲态度的第一步。这一步如果走歪了，那么你很难成为一个受人喜爱的演讲者。人们来听演讲，更多的是为了启迪自己的心灵，寻找走出目前困境的方案，或者是从迷茫中找到一条能走的路，而不是来听说教的。我们要做到言之有物，不要讲一大堆看似很有道理的空话，实际上却是在原地踏步。

动用情感策略,增强感染力

演讲想要说服听众,可以使用的方法有很多。演讲者经常使用的一种方法是从情感上让听众信服。

每个人都有一些愿意相信的人,也有不愿意相信的人。当你面对一个不熟悉的人的时候,是否要信任他,如果信任,那么信任度是多少,这就由我们的情感决定了。只要听众对你产生了亲近感,那么想要获得听众的信任就变得非常简单,说服听众的难度也就大大降低了。

强烈的情感爆发可以唤醒听众的情感,演讲者的热情也能够点燃听众的热情。只要演讲者在演讲当中有足够的情感爆发,那么就能够让听众用同样热烈的情感进行回应。这与演讲内容无关,即便是较为枯燥的学术性的内容,同样也能获得非常好的效果。

美国有一位奥利佛·罗基爵士,他本人并不是一位出色的演讲家。他是一位学者、一位科学家，研究原子的时间长达五十年。在他就自己研究的题目《原子与世界》进行演讲的时候，他做出了一个超越了众多演讲家的演讲。

在这场演讲中，他似乎根本没有意识到自己是在演讲，他只是将自己用了五十年研究所得的结果告诉在场的听众。研究已经成为他的人生支柱，成为他无法割舍的重要部分。在这场演讲中，他表现得激情四射、热血沸腾、充满感情。在场所有的听众都被他的演讲吸引，被他的热情感染了。

或许我们每次演讲的内容都不相同，或许我们不能总是对我们演讲的内容充满热情。但是，热情与专注是感染听众的重要工具。我们要保证我们演讲的气氛是高昂的、热烈的。如果演讲现场的气氛是低迷且沉重的，而不是热情的，那么这场演讲无疑是无法感染听众的，是无法获得听众的肯定的。

演讲时除了要充满激情外，我们还可以和听众聊些演讲时很少说的事情，例如我们的心里话。我们每个人都有倾诉的欲望，但是我们能够倾诉的人却不多。只有那些值得我们信任的人以及我们重视的人，才能成为我们的倾诉对象。而倾听我们倾诉的人，同样也会对我们产生信任感，因为对方先得到了我们的信任，所以也会投桃报李。我们在演讲的过程中同样可以利用这种心态。

某中学为了宣扬传统美德，请一位演讲者来学校演讲。在演讲开始之前，学校的管理人员非常担心演讲无法获得好的效果，因为学生大多处在叛逆期，学业繁重，和父母的沟通又不多。结果，这场演讲的效果好得出乎意料。

这位演讲者在演讲开始没多久，就说起了心里话。他所演讲的主题是孝顺父母，在讲了一些老生常谈的内容以后，便开始讲述发生在自己身上的故事。

他说，自己当年叛逆的时候，不懂父母对他的好，直到自己为人父母的时候才懂得。在他最困难的时候，支持他的只有父母；而在他得意的时候，父母却从来没有对他提出过什么要求。当他讲到自己父母过世时，在场的学生已经有不少泣不成声了。

这场演讲非常成功，主要是因为这位演讲者运用了说心里话的技巧。他讲述了亲身经历，成功将在场的学生带入所讲的故事当中，这样做不会有任何违和的感觉。所以，他赢得了在场学生的信任，进而感染了所有的学生。

人的情感是非常丰富的。正是因为人性当中有善良的一面，所以人们才会喜欢那些正能量的东西。我们要多多利用这一点，用那些正能量来调动听众的感情，让我们的演讲除了语言的感染力之外，还有其他方面的感染力。

我们可以使用语气的感染力、态度的感染力，让听众感受到我们的热情，感受到我们的态度，感受到我们的专注与真诚。

除此之外，我们还可以和听众说说心里话。心里话其实更有感染力，更能赢得听众的信任，同时也能够让我们的演讲更有说服力。

要想从情感上获得优势，就要学会表现弱势的一面，善用脆弱的力量。

同情心是人类时常会产生的一种心理。我们在演讲当中同样可以利用同情心来获得听众的信任，进而获得说服他人的力量。那么，究竟是什么样的人才能够获得更多的同情呢？

美国心理学家曾经做过一个实验，观察人们对过马路的人的态度。心理学家发现，当老年人、儿童、孕妇或者是残疾人过马路的时候，路人都会礼让和帮助他们。但是，如果是身体健壮的年轻男子，那么愿意让路的人就变得很少了。这个实验说明了什么呢？显而易见，那就是弱者相比强者更容易获得陌生人的同情。

如果我们能够获得其他人的同情，那么随之而来的还有亲切感和共鸣。在演讲的时候，我们可以将赢得听众的同情作为一种技巧来使用，以获得更多的帮助。特别是在竞争的时候，这能够帮助我们获得优势。这种能够帮我们扭转局势的技巧，就是脆弱的力量。

示弱，并不是一件丢脸的事情。在这个世界上，有谁没有经历过失败呢？有谁不曾遇到过困境呢？失败是一件很正常的事情，将失败的事情告诉别人，不仅不会让人觉得你是无能的，反而能证明你是坚忍不拔的，你是敢做敢当的，你是勇敢的。人们不会看不起弱小的人，但是绝对会看不起懦弱的人。

在演讲时，适当示弱，获得更多的同情，是获得听众支持的一种方法。但是，在示弱的过程中，我们要展示的是客观的"弱"，例如糟糕的运气、自然灾害等客观存在、我们无法改变的东西。而主观方面的"弱"，是我们需要改变的东西，是我们需要抛弃的东西。这些东西可以在我们的过去存在，但是绝对不能存在于我们的现在和未来，否则不仅不能让听众同情你，反而会让他们认为你的遭遇是自作自受。

运用强烈对比佐证你的观点

想要说服其他人，特别是双方观点不一致，或者是你的观点是其他人所不知道的新颖观点时，我们就需要进行证明。证明自己的观点是正确的、可行的，进而说服对方。那么，我们如何才能证明呢？对比，是进行证明的常用方式之一。利用对比，可以有效地减少争论，使我们的演讲更具说服力。

新东方董事长俞敏洪是个口才极好的人，他的演讲水平非常高超。在2015年的一次演讲上，他谈到了马云，并且将自己和马云做了对比："我和马云的经历太相似，当年都是'倒霉蛋'，高考都考了三年，大学里专业都是英语，毕业以后都留校当老师。后来又都下海。我们俩也有很不一样的地方，我比他帅，但他钱比我多。阿里巴巴2014年才上市，市值就达两百亿美元。新东方早在2006年就到美国上市，市值到今天才四十亿美元。我跟马云的差距究竟在哪儿呢?"

演讲到了这里,所有听众的好奇心都已经被调动了起来。毕竟拿来做比较的是两位成功人士。虽然俞敏洪的身家不如马云的身家,但是相似的经历却让双方的比较充满了悬念。俞敏洪接下来要说的事情,恐怕就是问题的关键了。

"我发现我和马云差了八个字。马云是一个典型的越败越战,愈挫愈勇的人。我是典型的不是越败越战,愈挫愈勇的人。阿里巴巴已经是马云做的第五个公司了。请大家想想,你一连做四个公司都失败了,会怎么办?你会想,我天生不是干这个事情的料,我天生是给别人打工的料,我再也不开公司了。但马云想的是,前面的失败是为了奠定未来做世界大公司的基础。"

俞敏洪在这里指出了双方在面对失败时截然不同的做法,点明双方经历如此类似,但获得的成就有一定差距的原因。他阐明了马云成功的原因,以及马云的人格魅力在哪里。这样的对比,让人们对马云有了更加深刻的认识,也让在场的听众对毅力、永不言弃这些品格有了更加深刻的理解。

由此,我们可以看出对比的重要性。通过对比,可以找到一些问题产生的根源:为什么一方会出现这种情况,而另一方没有出现这种情况。如果只是简单地论述,那么过程就会变得难懂,也会变得更加抽象。具体的对比则可以减少这类情况的出现,让听众快速明白问题的关键所在，也更容易接受我们的观点。

那么，使用对比时，我们要注意些什么呢？

首先，对比的双方要有可比性。很多人在说服别人的时候都会使用对比的方法，但是对比的双方毫无可比性，即便有相似的情况，只要对方稍加思索，就会发觉你的论点根本站不住脚。某个演讲家曾在他的演讲中痛批有些人太过拜金，凡事都向"钱"看。他说，在山区购买某种水果，几元就能买到一斤。而当他回到城市，想要吃这种水果的时候，却发现附近最便宜的都要卖十几元一斤。有些商贩为了保证水果的价格，宁可让水果腐烂，也不肯便宜卖掉。他的观点并没有得到听众的认可。毕竟商品的成本还包括运输、经销等，因此商品在产地的价格和在其他地区的价格是没有可比性的。

其次，不是所有的东西都能拿来做比较的。"文无第一，武无第二"，这句话流传至今，并非没有道理。在某些方面，只要较真，是一定能够比出胜负的。例如田径比赛，跑得快的那个人哪怕只领先0.001秒，也是第一名。而有些东西则不能进行数据化比较，不能理性地去比较。例如，两个演员究竟谁比较好看，这个就是不能比较的。一千个人眼中有一千个哈姆雷特。你的审美观和别人的审美观是有区别的，因此有些人会认同你的说法，有些人则不会。有些东西无法量化，也无法做一个理性的比较。

最后，比较要有理有据。我们在进行比较的时候，根据我们演讲的论点，总有一方最后表现得更好。那么，依据是什么呢？不管依据是结果，还是过程，抑或是多年以后给人们带来的影响，必须是可靠的。如果很草率地得出一个结论，那么就是为了比较而比较了。这种比较是没有说服力的，根本无法作为支撑你论点的论据。

  只要将做对比的技巧运用得当，那么就能够让我们的论点更加清晰，获得更多的支持。

第九讲

圆场——
恰到好处地安抚听众

在演讲的过程中，演讲者不可避免地会遇到各种问题。在这种情况下，有些听众会借机向我们发起"言语进攻"。

不管他们是有意还是无意，出现这些问题时，我们必须用灵活的手段去安抚或予以反击。这事关演讲的成败。

听众唱反调，如何巧妙应对

在演讲中，你经常会遇到各种突发情况。比如，在你阐述完自己的观点，调动起听众的情绪后，他们可能会产生自己的想法。如果想法刚好跟你的相左，他们可能会当场反驳你，当众跟你唱反调。

这个时候，一定不能紧张。因为一旦紧张，听众的唱反调就会扰乱你的思绪。那应该怎样做呢？你要微笑着聆听听众的想法，以示对他们的尊重。在这个过程中，你还要抓住对方的话语漏洞，想出应对之策。

一般来说，唱反调的听众分为两种：一种是真心想与你探讨观点的人，另一种是单纯想挑战你的权威的人。你要分析他们究竟是属于哪一种人。

如果是前者，那么在交流时，你一定要迅速找出双方观点的不同之处。找出不同点后怎么做呢？你可以将这个不同点作为自己演讲内容的扩充。如此，在接下来的演讲中，你既可以做到尊重听众的想法，又可以增加演讲的论点，既化解了矛盾，又提高了演讲的质量。

而对于后者，你则需要用一种尖锐的幽默来化解矛盾。既要有自己的气势，又不能让现场变得剑拔弩张。

在一次演讲大会上，马雅可夫斯基（苏联著名诗人）做了一场精彩的演讲。在演讲过程中，一个听众忽然挤到演讲台上，大声吵嚷："我提醒你，拿破仑有一句名言——从伟大崇高到荒谬可笑，其间只相差一步。"

这时候，马雅可夫斯基既没有惊慌，也没有后退，而是微笑着对那个听众说："不错，从伟大崇高到荒谬可笑，其间只相差一步。"此时马雅可夫斯基和那个听众之间的距离，正好是一步。现场其他听众一目了然，纷纷发出哄笑声，并鼓起了掌。

马雅可夫斯基用这样幽默机智的方式化解了一场即将发生的干戈。

无论是哪类听众唱反调，我们一定不能输了气场。因为作为全局的掌控者，我们必须成为现场气氛的调和者，必须坚定地站在听众面前，而不是被听众牵着鼻子走。

在这里，要强调一下：如果听众只是提出自己的不同观点，而不是蓄意挑衅，那就一定要柔和对待。千万不能和听众硬碰硬。如果僵持下去，听众会心生反感，那么我们的演讲也势必会受到影响。原因很简单：我们演讲的最终目的是获得听众认同感，在不能得到听众的认同时,无论如何反驳,我们都是处于被动地位的。即便我们的观点正确,与听众的争论,也会影响原本和谐的氛围。也许争到最后,听众会拂袖而去也未可知。

听众走了,我们还讲给谁听?

所以,柔和对待是最佳应对策略。我们可以顺着听众的观点,找出其中不成立的地方,微笑着提出不同看法。记住:不要奢望听众的观点完全跟我们的相同。很多时候,他们的观点也许更加精彩。所以,认真听取听众的意见,用心思考,耐心解答,对我们来说也是一种进步。万一解答不了,微笑着要求私下讨论,也不失为一种好策略。

其实在大多数时候,我们是可以迅速而巧妙地解决这种尴尬的唱反调事件的。这种应对能力也是演讲者所必备的素质。演讲者需要头脑敏锐,临场发挥能力出众。把可能发生的矛盾消弭于无形之中,是演讲者的最高境界。

昆虫学家法布尔曾生活拮据,为了养家糊口,他不得不在创作之余做些零工,比如打扫庭院、担任家庭教师等。因为这个原因,有些人看不起他。

有一次,有个报社记者采访法布尔,当众刁难他。报社记者知道法布尔近期经常帮房东打扫庭院,就问道:"法布尔先生,您身为著名的昆虫学家,为什么还要帮人打扫庭院呢?听说您还做过家教？这些零工不太适合您吧？我认为，您还是应该把所有时间都用在研究上！"

众目睽睽下，法布尔被人揭短，却并没有生气，而是微笑着说："亲爱的记者先生，您的意思是不让奶牛吃草，却要奶牛把所有时间和精力都放在产奶上？您要知道，奶牛不吃草料是不可能挤出牛奶的。对我来说，生活是草，创作是牛奶，而打扫庭院、做家教这些工作都是我的生活，没有生活我又怎么创作呢？所以，为了创作，我还是会继续做这样的工作！"

周围的听众鼓起掌来。

在演讲中，巧妙的回答往往能起到绝佳的效果。在演讲台上，任何争吵、争执、逃避，都可能给听众留下不良印象，而微笑着面对则是最好的方法。如果能用巧妙的语言，微笑着予以反击，那就更棒了。很多时候，回个软钉子，反而能让唱反调的人不知所措。

当然了，演讲台上总会发生各种各样的意外，所以在演讲前，演讲者一定不能有心理包袱，担心碰到唱反调的听众时自己不知如何应对。否则，我们很容易产生心理压力。怕什么呢？兵来将挡，水来土掩。保持清醒的大脑，所有的问题就不是问题了。而且如果能巧妙处理，很多时候，这种唱反调还可以被我们利用，成为活跃现场气氛的工具。

相信自己，我能行！

巧妙应对刁钻问题

在演讲时,我们经常会遇到一些固执的听众。

为什么说他们固执呢?因为,他们经常会不断地提出一些刁钻古怪的问题,让我们措手不及。当然,他们也许并非故意为难我们,只是有些人喜欢刨根问底,有些人喜欢标新立异,仅此而已。

不过,那些刁钻古怪的问题确实会让我们头痛。

假如在演讲的过程中,我们碰巧遇到这种状况,通常的解决方法是:保持风度,不要因为与听众据理力争而忘记所在的场合,以及自己演讲者的身份。我们的行为,必须与演讲者的身份相匹配。

而听众们也往往更喜欢礼貌谦和、以君子之风待人的演讲者。

那么面对刁钻古怪的问题,我们要如何回答才能做到恰到好处呢?

首先,我们要快速判断出这个问题的属性。如果这个问题与演讲主题以及现场听众无关,那么就可以礼貌地告诉对方,演讲完之后可以私下讨论,不能耽误其他听众的时间。一般来说,这种处理方式最为稳妥,现场听众也都能理解和支持。

如果提的问题与演讲主题有关,但却在演讲者专业领域之外,演讲者完全没有涉足过,那怎么办呢?有些演讲者会认为,如果演讲时承认"不知道",那么听众就会失望,演讲效果会大打折扣,所以他们经常会以装懂的态度来忽悠听众。这其实是一种最笨的临场反应。如果不懂,不能不懂装懂,要诚实回答,真诚地告诉听众自己知道什么,不知道什么,听众会谅解的。另外,真诚对待听众,也是一种礼貌。

而如果听众提的问题在演讲者的专业领域之内,也有几种好的应对方法。

比如,演讲者可以借力打力,先真诚鼓励提问的听众,然后可以让其针对自己提出的问题,说说个人见解,分享给在座的其他听众。这样一来,演讲者就可以很轻松地用借力的方法,把这个难题给抛回去。

演讲者还可以用转移法。在听众提出刁钻的问题后,演讲者可以先说明一下这个问题的新意,然后询问现场听众谁愿意就此问题分享自己的看法。如此既能活跃现场气氛,也能为自己争取思考时间。

如果这些方法都不管用，提刁钻问题的听众还是纠缠不清，一直重复提问，那演讲者可以这样做：告诉他，很欣赏他的勇气，但时间有限，可以留下联系方式，私底下交流，不要影响演讲。其实，听众的问题有多刁钻并不重要，重要的是演讲者要怎样将这些问题灵活妙用，调动起演讲现场的气氛。

对演讲者来说，遇到听众提出刁钻古怪的问题的情况总是在所难免，所以不必为此忧心。无论听众是故意刁难还是真的有不同观点，只要学会巧妙应对，就不会影响到演讲的效果。当然了，如果不会巧妙应对，那么遇到这种情况时，演讲者可能就会很难堪了。

有个同事，在参加员工大会时，因为被评选为优秀员工，所以应邀上台做了一个简短的演讲。那是他第一次登台演讲，所以有些紧张不安，更糟糕的是，演讲进行到一半时，一个和他一起竞选优秀员工却失败了的同事因为心生妒忌，突然发难。

那位同事问："你觉得你有资格被评为优秀员工吗？"

台上的演讲者瞬间愣住了，脸涨得通红，不知如何回答这个问题。而台下的其他同事也都愣住了，他们望着演讲者，静悄悄地等着他的回答。这时候，演讲者更加紧张了，他憋了半天，最后只能语气僵硬地回了一句："我能不能拿奖，不是我说了算，也不是你说了算！"

这个回答能有什么用呢？它显然不具备任何说服力。更糟糕的是，这还影响到了演讲者接下来的发挥。

这就是不能巧妙应对刁难问题的痛苦——往往一个无关紧要的问题就能让演讲者从云端跌到地上，摔得遍体鳞伤。所以，演讲者一定要把应对刁钻古怪的问题当成必修课，学会用自己的方法，化危机于无形。

面对挑衅，以彼之道还施彼身

在演讲中，最让演讲者头痛的情况便是遇到挑衅者。

怎么说呢？这类人并非真的想和演讲者探讨问题，纯粹就是想找碴。所以在挑衅时，他们不会给演讲者留任何情面，往往是冷言冷语、言辞犀利。很多时候，演讲者遇到这种情况，会显得格外尴尬。

怎么办呢？

遇到这种情况，我们的策略是以彼之道，还施彼身，给对方迎头痛击。道理很简单，这种人只有给他们教训，他们才不会继续挑衅。同时，有力的还击也会让其他挑衅者望而却步，同时也能让其他听众感受到演讲者的权威。

我们来看下面的小故事。

小刘是个自以为是的人。一天早上，他正在门口吃面包，突然看见老张骑驴过来了。他想捉弄一下老张，就笑着打招呼："嗨，吃块面包吧！"

老张连忙从驴背上跳下来，笑着说："谢谢，我吃过早饭了！"

没想到，小刘却满脸认真地说："我没有问你，我问的是毛驴。"说完，他得意地一笑。

老张生气了。他没想到自己以礼相待，反倒遭受了羞辱，却又无法骂这个无赖。他知道，如果自己骂小刘，小刘肯定会说："我和毛驴说话，谁让你插嘴来着？"

可是老张灵机一动，很快就有了主意。他猛地转过身子，照着毛驴的脸"啪啪"打了两巴掌，骂道："出门时我问你城里有没有朋友，你斩钉截铁地说'没有'。没有朋友，人家为什么会请你吃面包呢？"打完还不解气，他又对准驴屁股甩了两鞭，骂道："你这头蠢驴，看你以后还敢不敢乱说话！"

随后，老张便翻身上驴，扬长而去。

这个故事虽然说的不是演讲，但请大家注意：在演讲中，我们是不是会遇到像"小刘"一样的人呢？没错，"小刘"就是那些喜欢找碴的听众。他们往往故意挑衅，扰乱演讲，让演讲者苦不堪言。在这个时候，我们需要有力地反击。

反击的诀窍就是，抓住对方言语中的漏洞，给予有力的反击。演讲现场往往会有很多听众，他们绝大多数都具有明辨是非的能力。

如果演讲者无故受到挑衅，那么反击不仅不会受到批评，反而会获得鼓励和掌声。因为，你不仅击败了挑衅者，还避免了浪费听众的宝贵时间，同时不卑不亢的演讲者也更容易受到听众的尊敬。

在演讲中，语言是最好的武器。把话说得漂亮又有攻击性，是应对挑衅者的不二法门。不管挑衅者采用何种策略，我们只要灵活应对，就能用语言扑灭对方的嚣张气焰。请一定要记住，这个时候，我们不能不予理睬或是回避话题，因为这样做不仅会助长对方的气焰，还会给其他听众留下不好的印象。

适时给予有力的回击，其实并没有那么困难。

突发意外，不妨顺水推舟

在演讲中，我们经常会犯些小错误。

比如：我们可能会因为紧张，不小心出现口误；也可能会因为紧张而脑子里一片空白，忘了准备好的演讲内容；还可能会因为无法掌控情绪，而失去了演讲者的风度……总之一句话：在演讲台上，任何意外都有可能发生。

除了练好基本功，降低意外发生的概率，我们还要学会用技巧应对意外。一般来说，演讲者最容易掌握的，是顺水推舟法。使用这种技巧可以让小意外自然而然地被掩盖过去，尽可能降低其对演讲的影响程度。

我们知道，演讲中的意外包括各种情况。外部因素姑且不论，因为如果发生不可抗力导致的意外，就很难扭转，我们只能顺其自然。但若因自身问题而发生的意外，那就另当别论了。事实上，在很多时候，顺水推舟法都能让我们巧妙化解因自身问题而发生的意外。

我们来看看哪些意外容易出现。

如果演讲者在演讲的过程中，说漏了字或者说错了字，那么不要紧，这些都是无伤大雅的小意外，在一般情况下可以直接忽略。刻意纠正，反而会弄巧成拙，甚至引起听众的反感。

如果我们不小心犯了常识性错误，那就必须纠正了，否则就是不尊重听众。当然了，我们纠正时可以用幽默风趣的方式，如此就不会显得刻板了。

有一次，著名的相声演员马季到湖北省黄石市演出。在他前面有位演员，演出时因为口误，把"黄石市"错说成了"黄石县"，这引起了台下观众的不满。马季发现了这个错误，表演时张口就说："今天，我们有幸来到黄石省演出……"

这时候，台下的议论声更大了，观众都在纳闷：难道这位著名的相声演员也会犯如此低级的错误吗？

马季不慌不乱地解释说："刚才，我们有位演员把黄石讲成了县，降了一级，我自然要说成省。这一升一降，就扯平了！"听众们这才反应过来，不由得鼓起掌来。

马季用顺水推舟的方法，不动声色地化解了口误带来的尴尬，还给当地听众戴了顶高帽子，可谓高明至极。如果刻意纠正，会出现什么局面呢？可想而知！

还有一种意外，是演讲者忘词造成的，即讲完一段后忘了接下来该讲什么。这个时候，我们的脑子里一片空白，那该怎么办呢？考验演讲者应变能力的时刻来了。此时，我们也可以用顺水推舟的方法。

我们可以顺着之前的演讲，适当抛出两个问题，与台下听众展开互动。而借此空档，我们可以让自己冷静两分钟，认真思考，如果可以记起来，那么互动结束后就继续演讲。如果实在想不起来也不要紧，互动结束后可以巧妙地跳到下一个环节，这也不失为一种策略。

当然了，我们如果不想互动，那也可以。适时地插入一个无伤大雅的笑话，也不失为一个缓冲的好策略。一般来说，在缓冲期间，我们很容易记起自己要讲的是什么。因为很多时候，稍微放松一下，我们就会记起烂熟于心的演讲内容。

需要注意的是：在演讲过程中，我们千万不要因小失大，不能对一个小小失误耿耿于怀，以致影响接下来的演讲。作为演讲者，我们需要明白：每个人都有可能会犯错。既然错误无法避免，那么当它出现时，不妨试着顺水推舟，让错误变成"美丽"的错误。

发现听众厌倦，及时调节演讲气氛

很多时候，我们的演讲可能会让听众感到厌倦，比如，在演讲时间过长或者演讲内容不够精彩的情况下。

一般来说，演讲时间过长，是致使听众倦怠的主要原因。即便我们的演讲很精彩，听众也很感兴趣，但随着时间的推移，他们必定会出现倦怠。这个时候，演讲会场就会变得异常沉闷。

我们难道要任由会场一直沉闷下去吗？

当然不行！如果任由会场沉闷下去，那么无论我们的演讲有多么精彩，也必定是一场失败的演讲。这个时候，我们需要主动调节会场氛围。那么怎样调节呢？此时，我们可以给听众找点乐子，比如讲个笑话、故事，或者谈点趣闻逸事，等等。这种好玩的语言穿插在演讲中，既可以调节会场气氛，又可以让演讲的内容变得生动、有趣，可谓一举两得。

2017年1月,在告别演说上,奥巴马发现了一个令人尴尬的现象:听众们有些走神。他们有些交头接耳,有些忙着手头的工作。会场气氛非常沉闷。

这个时候,奥巴马笑着说:"我现在是'跛脚鸭'总统了,说的话大家都不听了!"这句带着俏皮的指责,重新调动了会场全体听众的情绪,让原本沉闷的气氛一下子活跃了起来。

这是一种语言的调节剂。当听众听腻了高谈阔论时,适时用轻松愉快的语言调节一下,往往会收到意想不到的效果。

当然了,这并不是说会场上的任何沉闷现象,都可以用语言调节剂来消除。实际上,在演讲的过程中,当我们发现听众倦怠、会场沉闷时,需要先分析"病因",找出根源所在,然后才可以有针对性地制定策略,扭转局面。

比如,如果因为演讲时间过长,听众出现倦怠的现象,那么我们就需要注意控制演讲时间。在接下来的时间里,除了语言调节剂外,我们还需要尽量精简演讲内容,不要太过啰唆。

如果是演讲方式有问题,那我们则需要做出调整。调整的方向包括语调、语气,以及演讲的内容等。在语调上,我们不能毫无起伏,否则听众会觉得像在喝白开水,没什么味道。我们的语调要有起有伏,要饱含感情,这样才能打动人心。在语气上,我们也要保持热情,因为热情会感染现场听众,也能赶跑倦怠。在内容上,我们要尽量多讲听众感兴趣的内容，这样才会使他们不再倦怠。

假如时间允许，我们可以用当场提问的方式来调节现场的氛围。这样做的好处是，不仅可以提高听众的参与度，同时还能让他们认真思考，集中精力，不再倦怠。当然了，如果策略运用得当，那么现场火热的氛围会让所有人的倦怠一扫而光。

有一次，卡耐基给学员们演讲时，忽然随手拔了一根头发，问："这是什么？"

学员们异口同声地回答："头发。"

接着，他又问："头发为什么会从生长的'土壤'中掉下来呢？"

这次，他停顿了较长时间，让大家进行思考。当大家纷纷议论，百思不得其解时，他才满意地接着说："当然是因为烦恼的副作用！"如此妙趣横生的话题，一下子便把学员们的兴趣调动起来了。

尽管在演讲之前，我们就要做好各种准备，但我们只是凡人，难免会有考虑不周的地方。听众也只是凡人，难免会有倦怠的时候，所以让人沉闷的氛围时常会出现。这个时候，演讲者一定要保持敏锐的观察力和准确的判断力，在现场沉闷时，要学会用有趣或犀利的语言，调节现场氛围。

如果应对得当，我们就能很轻松地调动起听众的情绪，将会场的氛围推向高潮。

听众开小差，如何才能唤回注意力

上学的时候，我们都有过开小差的经历，这是很平常的事。

所以，如果在演讲过程中，我们发现听众精神不集中，开小差了，那么先请原谅他们，然后再采取策略唤回他们的注意力。我们应该怎样做才能唤回听众的注意力呢？

首先，演讲者需要自我检讨，找出听众开小差的原因。是演讲时间过长，内容太过枯燥，缺乏互动，还是兼而有之？总之要做到心中有数，才能对症下药。

大多数时候，听众开小差主要是因为演讲的内容不够精彩。这就需要演讲者在演讲内容上下功夫了。

关于内容，我们在前面的章节中介绍过了。一般来说，总分总的框架更适合听众。这种模式有头有尾，有起有伏，有引子，有高潮，有利于吸引听众的注意力，同时也能快速将他们带入主题。

有了合适的框架之后，我们还需要用精彩的"骨肉"去填充。在演讲之前，我们一定要对听众有大致了解。在此基础上，添加故事、案例等素材，把演讲内容丰满起来，使其变得更加生动有趣。这些我们在前面已经介绍过，具体内容在此不再赘述。

内容丰满后，接下来的重点就是演讲了。演讲，最重要的是灵活运用语言。掌握语言技巧，我们可以让一句原本平凡无奇的话瞬间成为温暖人心的肺腑之言，也可以让枯燥的内容立即变得生动有趣起来。

研究表明，在一场演讲中，听众注意力集中的时间往往只有短短的几分钟。所以作为演讲者，我们不要认为自己演讲水平足够高明，演讲内容足够丰富，就不需要唤回听众的注意力了。实际上，优秀的演讲者总会在演讲过程中，不断用巧妙的方法吸引听众的注意力。而吸引听众注意力的方法是多种多样的。

有些演讲者喜欢讲故事，有些演讲者则喜欢与听众互动，其实如何做才更适合自己的演讲，需要演讲者在长期实践中进行摸索。当然，演讲是门艺术，这门艺术成就的高低，取决于演讲者综合实力的高低，而综合实力则需要平时各方面的积累。在闲暇之余，演讲者可以多看看书，找一些经典故事，这样演讲时可以引经据典；也可以在网上或者从朋友那里积累一些有意思的小故事，引用的时候，也会妙趣横生。

多数演讲者喜欢用互动提问的方式，来唤回听众的注意力。这种方法确实是最实用的方法，因为互动的参与感、提问的压迫感，都是让听众注意力回归的良药。

科学调查表明，人们在参与集体活动时，如果缺乏参与感和压迫感，那么他对这项集体活动的兴趣和关注度就会持续下降。因此，作为演讲者，我们在演讲时，一定不能把演讲看成一种单方面"讲"的活动，而是要将其当成一种互动的活动。只有听众参与了，他们的注意力才能集中。同时，这也能使演讲现场的氛围火热起来。

第十讲

尾场——
意犹未尽，精彩收尾

开头和结尾是演讲当中最重要的部分，两者是整场演讲基调的展现。开头决定了听众是否会继续听下去；而结尾决定了听众是否觉得这场演讲足够精彩，是否有足够的价值去回味。我们要重视演讲的结尾，让我们的演讲成为一场完美的演讲。

别在演讲最后一分钟功败垂成

凡事要有好的开始,毕竟好的开始等于成功的一半。演讲中间的内容也值得我们重视,因为中间的部分才是我们要表达的主要内容,才是演讲的精华部分。

那么,演讲的结尾呢?演讲的结尾同样重要。如果说一场演讲是有其基调的,那么其基调必然是由演讲的最后一分钟所决定的。演讲的结尾决定了听众在演讲结束后,对这场演讲是怎样的印象。在此时你的一个不小心,就会让整场演讲功败垂成。

在国外有一句俗语:想要知道一个演员好不好,那就看他上场的样子和他下台的样子。对演讲的新手来说,经常会出现忽略演讲结尾的问题,下面让我们来看看伟大的演讲家如何处理演讲结尾。

美国前总统林肯是一位伟大的演讲家。

林肯就职美国总统时,美国的形势非常紧张,在他就职几个月以后,美国就爆发了内战。但是,在内战之前,林肯还试图说服南方势力放弃内战，和平共处。他的演讲稿结尾是这样的：

各位心怀不满的同胞们，内战这一重大问题，不系于我的手里，而系于你们的手里。政府不会攻击你们。只要你们自己不当侵略者，你们就不会遇到冲突。你们没有对天发誓要摧毁政府，但我们却要立下最庄严的誓言来保存、保护和保卫它。

我真不愿结束我的演讲。我们不是敌人。我们之间感情的纽带，或会因情绪激动而绷紧，但决不可折断。那一根根不可思议的回忆之弦，从每个战场和爱国志士的坟墓，伸展到这片辽阔土地每一颗充满活力的心房和每一个家庭，只要我们本性中的善念再度——而且一定会——加以拨动，它们终会重新奏出响亮的联邦协奏曲。

林肯的演讲结尾非常巧妙，这最后的一分钟流露出了一种友善且不卑不亢的情绪，这种情绪无疑能够让听众感受到演讲者的真诚。

既然演讲的结尾如此重要，我们要在演讲的结尾避免哪些错误呢？主要有以下几点：

第一，结尾不像结尾。既然演讲已经到这里了，那么就必须向听众传递出这个信息——演讲结束了。否则，听众就会期待着接下来的内容。如果期待没有被满足，听众就会觉得这场演讲戛然而止，而产生一种不爽快的感觉。

我们必须让演讲的结尾有明显的情绪变化，并且要有明确的结尾语句。至于听众是否领会了我们的意思，也能够从听众的表情上找到端倪。如果听众没有意识到演讲要结束了，此时千万不要草草地结束演讲，稍微再说上几句话，寻找一个更好的结束语。

第二，结束语有欲言又止的感觉。很多新手在做演讲的时候经常会犯的一个错误，就是心虚。他们总是担心自己忘记了什么重要的内容，总是担心自己有地方没有描述清楚。所以，他们经常使用的结束语是"我能说的就只有这么多了"或者是"今天就说到这里"。这样的结束语虽然为演讲画上了一个句号，但是暴露了演讲者不自信的一面。如果你还有什么想要说的，为什么不说呢？如果你真的把你能说的东西都说完了，为什么不用一个干脆一点儿的结束语呢？这种欲言又止的结束语，是不可取的。

当然，与之相比，还有更加不可取的结束语。有些新人演讲者由于过度紧张，在演讲的结尾常常会忘记之前自己说过什么。于是，在收尾的时候，他们又会将他们觉得重要的、已经说过的内容重新说一遍。但是，这样会给听众一种拖沓的感觉。所以，在结尾的时候，即便你突然想到有非常重要的内容没说，也不要再说了。在这种情况下，不说要比说更好。

第三，结束语缺少足够的修饰。在演讲的时候，我们即便与听众有所交流，交流的部分也不会太多。所以，演讲者更多的时候是处于演独角戏的状态。如果缺少修饰，那么我们的意思就很容易被人误解，语言也会显得格外生硬。打个比方，就好像你正在听某人讲话，但那个人突然打开房门，冲出了房间。面对此情此景，你会是怎样的心情呢？因此，我们要在演讲的结尾加入适当的修饰，以期更好地表达我们的意思，这样才不会引起不必要的误会。

想要避免在演讲结尾的时候犯错误，想要能够在结尾的时候熟练地使用演讲技巧，最好的方法就是提前做好结尾。一些伟大的演讲家，即便他们没有准备演讲稿，甚至连大纲都没有准备，也会写下一些字词作为结尾。毕竟在演讲结束的时候，应该说的都已经说完了，想要再找到新的、让听众满意的内容并不容易。有些著名的演讲家在即兴演讲之前，甚至会为自己的演讲准备三种以上的结尾方式，用来应对意外状况的发生。这样做看似浪费时间，但是如果你试上几次，就会发现这种方法可以增加你的演讲的精彩程度。

如果你的大脑实在是一片空白，连事先想好的结尾都完全忘记了，那也不要紧，我们仍然有办法来补救。既然我们自己想不到结尾，那么不妨使用别人的结尾。引用几句诗词、文章，这些都能够成为演讲的结尾。这样做或许不够好，但是总比没有结尾要好得多。

请重视演讲的最后一分钟。在这一分钟里，你可能会为听众带来前所未有的震撼，也可能让你之前所有的努力付诸东流。这一切，都要看你是如何结尾的。

首尾呼应，深化演讲主题

一场演讲要持续多长时间呢？这个问题是见仁见智的。有些人认为四十五分钟左右最好，因为在这段时间里，听众能够很好地保持专注，演讲者的演讲水平也能从头到尾保持一致。而有些人认为，演讲在二十分钟左右最为适宜。一场演讲并不需要冗长的内容，只要将自己想要表达的东西说清楚，过程充满激情，富有感染力就够了。

其实，演讲的时间不是由演讲者定的，而是由很多客观因素决定的。那些短的演讲还好，能够保证演讲内容的一致性，能够让听众记住演讲的内容是什么。而一些较长的演讲，往往要就一个主题说多个问题。这个时候，如何在演讲结束的时候还能让听众记住你今天主要讲的是什么，就非常重要了。

我们不断强调深化主题这件事情，其实所谓的深化主题就是让听众加深印象，让听众记得我们今天说了什么。不管是当场被说服的听众，还是对我们的观点将信将疑的听众，能够在我们的演讲结束以后还记得我们说了什么，还会去思考，那么这场演讲才算是成功的演讲。我们无法得知演讲是否说到了听众的心坎里，也不能确定我们所讲的内容是否能够帮到听众。我们所能保证的是，在演讲结束后，听众还能记住我们演讲的主题是什么。想要做到这点，最简单、最有效的方法，就是首尾呼应。

有一篇演讲，叫《井下工有颗金子般的心》。演讲的开头是这样的：

你了解井下工吗？井下工，从名字就可以得知，他们是在矿井下工作的工人。这项工作非常危险，但是了解的人却很少。人们看待井下工的时候经常带有误解，但是不管有多少误解，不能否认的是他们用自己的两条臂膀扛起了整座矿山。可以说，每个井下工都有一颗金子般的心。

接着，演讲者列举了三个具体事例，讲述了井下工的大公无私、英勇无畏、为国家做贡献。而结尾部分，是这样的：

朋友们，每个人都知道黄金是宝贵的，但是在矿井当中，却有一样东西比黄金更加宝贵，那就是井下工金子一般的心。如果每个行业的人都能够像井下工一样，在自己的岗位上兢兢业业、竭尽全力，无私地奉献自己的才能和力量，那么我们的国家必将更加强大、更加富裕。愿我们都有一颗金子般的心！

这篇演讲就很好地做到了首尾呼应，首尾相接成环，紧紧相扣。在场的听众不会忘记这场演讲的主题：井下工有一颗金子般的心。做到了这一点，这场演讲就算得上是成功了一半。如果说在演讲结束以后，听众迅速忘记了这场演讲的主题，只是沉浸在几个巧妙的故事当中，那么这场演讲再精彩也不算成功。

当然，首尾呼应也不是任何时候都能够使用的。使用首尾呼应能够让你的演讲结构更加紧凑，能够让你的主题更加深刻，能够让听众对你的演讲留下更深的印象。但是，如果错误地使用首尾呼应，不仅不会让主题深化，反而会淡化主题。

想要运用首尾呼应，那么演讲必须有一个深刻的主题。很多演讲并不是围绕一个主题进行的，例如以教学为目的的演讲、以抒情为目的的演讲。这些演讲都有主题，但并不集中。这样的演讲就不能使用首尾呼应的方式，而应提炼出演讲的核心内容作为收尾。如果贸然使用首尾呼应，听众只会记住你演讲的开头和结尾，而不是真正重要的主题。

首尾呼应并不是演讲中一定要使用的技巧。演讲的技巧有很多种，开篇不点明主题，却设置悬念的演讲也并不罕见。这种演讲就无须强求首尾呼应。开始的时候只有一个故事、一个例子或一个悬念，并没有强调中心思想和主题，因此也就不具备呼应的必要性。中心思想和主题即便是在演讲中间出现，我们也可以进行呼应，再次强化听众的记忆。

当然，想要有一个好的结尾，除了让结尾富有功能性，言之有物之外，还要富有情感和技巧。将所有的注意力放在如何呼应这件事情上，是得不偿失的。我们要将呼应作为内容，将其他的技巧放在里面，这样才能使演讲有一个完美的结尾。

借景抒情,深情满满

直来直往的演讲方式,有利于听众更好地理解你想要表达的意思。这有好处,但是也有坏处。过于平铺直叙,有时候会让听众觉得演讲者的水平不足,描述得不够精彩,缺少感染力。我们在演讲的时候,如果想要增加演讲的感染力,给听众留下更深的印象,就必须让自己的语言更加优美、更加动人。在这个时候,借景抒情就是最适合我们的演讲技巧。

在结尾使用借景抒情这种技巧,前提是要做好铺垫。你前面演讲的内容无论是富含哲理的故事还是生动的道理,抑或是一些充满激情的话语,都适合用借景抒情的方法来作为结尾。这能够给听众更多的启迪,给听众带去更多美的感受,给听众留下更多的余味。

郭沫若的演讲《科学的春天》是这样结尾的:"春分刚刚过去,清明即将到来。'日出江花红胜火,春来江水绿如蓝'。这是革命的春天,这是人民的春天,这是科学的春天!让我们张开双臂,热烈地拥抱这个春天吧!"

这个结尾看似简单,但是情感热烈、奔放,给人以激励。听众在听完这段借景抒情以后,会受到极大的感染,受到激励,向着演讲中所描述的美好未来前进。

借景抒情有着巨大的感染力,这主要来自人们的直观感受。当我们描述一个抽象的事物时,听众是很难感受到我们所要传递的内容的。借助景物,借助自然界存在的东西,会给听众带来一种更加直观的感受。

一次,某公司的领导在做关于公司改革的演讲。在演讲即将结束的时候,天上忽然打起了响雷。巨大的雷声,连绵不断,淹没了演讲会场中所有的声音。当雷声结束以后,这位演讲者指着窗外说:"同志们,窗外响起的阵阵雷声,你们听见了吗?你们的心听见了吗?这雷声在我的心中轰鸣,让我的内心充满震撼。在我们这间屋子里,不也正炸响着雷声吗?企业改革就如同打雷一般,在我们这间屋子里炸响。我们要张开双臂,迎接即将到来的美好未来。"

这位演讲者机智地利用了突如其来的天气变化,不仅起到了加深听众印象的效果,更让在场的所有人都感受到了他的机智。

上面的这个例子就为我们展示了借景抒情的一种方式,那就是临场创造。我们在演讲的时候总是会出现各种各样的情况,使用借景抒情的时候，未必一定要严格按照事先计划进行。风、雨、雪、雷，漫天飞舞的柳絮，窗外飘下的落叶，都可以成为我们借景抒情的素材。

这种临时应变的方式有非常多的好处。在演讲结束以后，听众走出演讲会场，会进入你刚刚描述的环境当中。这种沉浸于环境当中的感觉会与你刚刚的演讲结合到一起，让人回味无穷。人的记忆、联想，都是有固定模式的。如果你的演讲足够出色，最后的借景抒情会让听众形成固定的印象。在演讲结束后的两三个月内，听众看到同样的景色，都会想起你的演讲。

事先准备好的借景抒情也有不错的效果。事先准备的优点在于我们有更多的时间去创造能让听众印象深刻的描写，让我们的抒情更加富有感染力。另外，从大局观来说，事先准备是一个更好的选择。例如郭沫若的描写，是围绕春回大地这个主题来说的。这种描述如果临场发挥，很难描写得出色，很难给听众留下深刻的印象。

借景抒情能够让我们的抒情更加具体化，能够帮助我们将感情更好地传递给听众。当你想要有一个充满感染力、充满激情的结尾时，请选择借景抒情吧！

简明扼要，做到掷地有声

如今，人们的生活节奏很快，每个人的时间都是非常宝贵的。就如同那句广告词一样："你的时间非常值钱。"如果一位演讲者总是滔滔不绝，却又言之无物，那么听众感到不耐烦也是理所应当的事情。我们在演讲的时候，语言必须干练、简洁，绝对不能冗长。林肯的葛底斯堡演说并不长，但是成了伟大的经典。有人问丘吉尔，准备一场十分钟的演讲要多长时间，丘吉尔说："要半个月。"那人又问："准备一场半个小时的演讲要多久呢？"丘吉尔回答说："要准备一个星期。"随后，丘吉尔又迎来了第三个问题："那么，如果要准备一场能说多久就说多久的演讲呢？"丘吉尔回答说："随时都可以开始。"从丘吉尔的回答中，我们可以看出，简洁、有力的演讲是非常困难的，而那些滔滔不绝的演讲，甚至不需要准备，因为这种演讲毫无价值。

那么，如何让你的演讲的结尾简洁而有力呢？最简单的方法就是句子的使用。我们在说话的时候，会有长短句。如果想让你的语言变得简洁有力，那么使用短句是一种较好的方法。有些时候，一句话甚至不必做到有头有尾，只需要提取精华部分就可以了。

例如下面这句话：

他们都是怀有远大理想而又德才兼备，志愿到祖国最需要的地方去，把青春献给伟大祖国的应届毕业的大学生。

这句话虽然描述得非常详尽，但不够简洁。我们可以将这句话由长句格式改为短句格式。

他们都是应届毕业的大学生，怀有远大的理想而又德才兼备，志愿到祖国最需要的地方去，把青春献给伟大的祖国。

通过对比可以发现，短句格式的句子既简洁，又有力度，更容易打动听众。因此，在演讲的时候，结尾一定要简洁有力，就如同你演讲的第一句话一样。

在演讲的结尾，我们的态度也非常重要。很多时候犹豫不决的态度会给听众留下优柔寡断的印象。听众一旦产生了这种印象，那么一项"不专业"的帽子就会被扣在你的头上。我们不能让演讲戛然而止，但也不能让演讲的结尾听起来欲言又止。所以，我们在结尾的时候既不能仓促，也不能犹豫不决。我们的态度应该是坚定而有力的。就如同快刀斩乱麻一样，既要有结尾的样子，又要让听众感受到我们的力量。

有些人无法在有力的结尾与简洁的结尾间取得平衡，其实这并不困难。结尾，是整场演讲的收束，是我们表达自己观点和告诉听众我们想要什么的最佳时机。如果你不知道如何简洁有力地结尾，那么不妨用最直接的方式来阐述上面的两项内容。

一项是总结我们之前所说的内容。不管你是想要用五分钟的时间来结尾，还是想用一分钟的时间来结尾，你都可以将你之前的观点做一个总结。将我们想要说的内容整合起来，最后让听众听得清清楚楚，这就是简洁而有力的结尾方式之一。

另外，我们也可以告诉听众我们想要什么，请求听众马上付诸行动。这是一种更加直接的结尾方式，但前提是我们前面的铺垫做得足够，我们的表达足够简洁清楚。类似于"请投×××一票""请给予我们帮助"，这种结尾也是非常简洁有力的。

一个简洁有力的结尾不仅节省了听众的时间，也节省了我们自己的时间。但是，简洁不代表仓促，必须与有力相伴，要如同雷霆一样，掷地有声。如果缺少力量，那么演讲的结尾就不是简洁，而是仓促了。